经 陕西省教育科学研究院
陕西省职业培训协会 2020 年审定通过

西迁精神

教育读本

—— 中职版 ——

主　　编　成　进　李　重
本册主编　冯　隽　王　璇　杨澜涛

西安交通大学出版社
XI'AN JIAOTONG UNIVERSITY PRESS

《西迁精神教育读本》编委会

主　任：成　进
副主任：李　重
委　员：苏玉波　吕　青　常　涛　訾艳阳　雷　玲

图书在版编目 (CIP) 数据

西迁精神教育读本 . 中职版 / 成进，李重主编 .—西
安：西安交通大学出版社，2020.9
ISBN 978-7-5693-1802-9

Ⅰ.①西… Ⅱ.①成… ②李… Ⅲ.①思想政治教育
– 中等专业学校 – 课外读物 Ⅳ.① G711

中国版本图书馆 CIP 数据核字（2020）第 173800 号

书　　名	西迁精神教育读本 . 中职版	
主　　编	成　进　李　重	
本册主编	冯　隽　王　璇　杨澜涛	
项目策划	张　伟	
责任编辑	贺彦峰	
责任校对	张　梁	

出版发行	西安交通大学出版社
	（西安市兴庆南路 1 号　邮政编码 710048）
网　　址	http://www.xjtupress.com
电　　话	（029）82668357　82667874（发行中心）
	（029）82668315（总编办）
传　　真	（029）82668280
印　　刷	陕西金和印务有限公司

开　　本	787mm×1092mm　1/16	印张 5.25	字数 78 千字
版次印次	2020 年 9 月第 1 版　2020 年 9 月第 1 次印刷		
书　　号	ISBN 978-7-5693-1802-9		
定　　价	18.00 元		

投稿热线：（029)82668284

前言

常言道，"孔雀东南飞"，但有一群人偏要从繁华东南往苍凉西北而行。

不为金钱。有人把位于上海国际饭店后面的房子无偿送给了上海市房管处，不为自己留后路，带着四个孩子西迁。有人是无线电专业的留美学者，原本在上海一家有名的企业负责技术工作，已是很受重用的高层管理人员，却在内兄的感召下辞职调入即将西迁的交通大学。

不图虚名。来到西北不是短暂的支援，不是走过场的作秀，而是永久的扎根。他们中许多人已经长眠在这片黄土地上。

不计得失。有人说："西北条件那么艰苦，你们何苦呢？"有人问："你们这样太亏了，不后悔吗？"他们说："国家的需要就是我们的行动。亏不亏，要看用什么尺子量。我们在大西北为祖国做出了贡献，这是我们最大的荣耀！"

他们便是"西迁人"。

"一玉口中国，一瓦顶成家，都说国很大，其实一个家。"

中央一声令下，西迁人向西而歌。一群激情燃烧的社会主义建设者，为国奉献，谱写出一段波澜壮阔的新中国建设史，奏响一曲壮丽辉煌的爱国乐章。西迁人用爱国奋斗诠释"我和我的祖国"的深情，并在西迁、扎根、壮大的过程中，孕育和形成了"胸怀大局、无私奉献、弘扬传统、艰苦创业"的"西迁精神"，成为新中国知识分子热爱祖国、服务人民高尚情操的光辉写照。

2020年4月22日，习近平总书记在考察调研西安交通大学时指出："西迁精神的核心是爱国主义，精髓是听党指挥跟党走，与党和国家、与民族和人民同呼吸、共命运，具有深刻现实意义和历史意义。

为中华之崛起而读书！正如习近平总书记在纪念五四运动一百周年的讲话中所说，对新时代青年来说，热爱祖国是立身之本，成才之基。肩负实现中华民族伟大复兴历史使命的同学们，要有读书报国的雄心壮志。

本书为大家生动呈现西迁人向西、向远方的光辉历程，其无悔、其赤诚、其热忱、其深情、其胸怀理想而又脚踏实地的奋斗与担当，留给我们无尽的怀念与感动。希望同学们在涵咏"名言警句"，了解"西迁故事"，体味"拓展阅读"，积累"学有所思"的学习探究中，向历史的纵深处探寻国家富强的建设之路，从民族的精神脊梁里汲取养分，构建个人的家国情怀。

奋进吧，少年！希望你能感悟传承"西迁精神"，争做新西迁人，酝酿属于自己的爱国心声，成长为我们伟大祖国的栋梁之材！

本书在编写过程中参考了一些老师的文献，在此表示感谢！广大读者在阅读时若发现有疏漏之处，敬请批评指正。

编者

目录

第一章
西迁壮举

　　系统、持续地开发建设西北地区，是党和国家的一项长远战略方针。

　　西北地区是中华文明的发祥地之一，也是中国革命胜利的策源地，西北的开发崛起关乎中华民族伟大复兴全局。作为古丝绸之路的起点，西北曾盛极一时，成为世界经济、文化、艺术的中心，联通欧亚大陆文明古国，创造了许多影响深远的文化艺术和科学技术成果。近世以来，东西部之间的经济文化差距日益拉大。为改变旧中国遗留的工业体系和文化教育地区分布严重失衡的局面，中央人民政府坚持区域均衡发展的基本方针，从"一五"计划开始，对中西部地区经济文化发展进行重点部署，大规模的西部开发事业由此拉开序幕。

　　"向西北进军，建设大西北"成为中华人民共和国成立后的一个时代主题。

历史导读

交通大学西迁

1955 年 3 月 30 日，高等教育部党组呈报国务院《关于沿海城市高等学校 1955 年基本建设任务处理方案的报告》，明确提出"将交通大学机械、电机等专业迁至西北设交通大学分校（具体地点和陕西省委商定），准备在两三年内全部迁出……"

3 月 31 日，国务院二办林枫主任批呈陈毅副总理："这个方案二办已经讨论过，认为可以同意。其中有些具体问题，例如交通大学的新校址是否应设在西安等，尚须进一步研究，以后当专案报告。"

4 月 2 日，陈毅副总理批示："送陈云副总理核示。"

4 月 7 日，陈云副总理批示："这一件的主要内容是沿海城市的大学内迁，共有 13 起几十个学校或专科。据林枫同志说，'这是根据政治局那次听陈毅同志报告上海情况后指示工厂学校内流的方针拟定的。'我认为可以同意林枫和高等教育部党组的意见。"陈云同志还批注："经刘、朱、彭真、小平阅后退国务院总理办公室。"这样，交大西迁一事在中央形成共识。并于同年 7 月 21 日由高等教育部正式下发《关于交通大学内迁西安的通知》。

5 月上旬，彭康校长亲赴西安并电请朱物华、程孝刚、周志宏、钟兆琳、朱麟五等几位老教授、系主任到西安，共同商定了唐代兴庆宫遗址南部的交通大学西安新校址。5 月 24 至 25 日，交通大学校务委员会通过了《交通大学校务委员会关于迁校问题的决议》。决议指出："1955 年和 1956 年入学班以及该等班级的教师和相当的职工，于 1956 学年度起在西安新址进行教学；其余的师生员工于 1957 年暑假前基本上完成搬迁任务。"

11 月 24 日，《交通大学迁校方案》颁布，对迁校的任务、工作进程、宣传、人事、总务、招生等各项工作做了具体安排。计划迁移教师 632 人、学生 2812 人、职员 390 人、工人 450 人，于 1956 年暑假、1957 年寒假和暑假完成。

1955 年 10 月 26 日，占地 1250 亩的交大西安新址正式开工建设。1956 年 8 月，不到一年时间，包括建筑面积 3 万多平方米的中心大楼在内的 30 余栋教学生活用房基本竣工。

1956 年 9 月，交通大学在西安举行首次开学典礼

1956 年 5 月下旬，西迁先遣职工及家属前往西安；9 月初，2133 名一年级的新生直接到西安新校址报到。9 月 10 日，交大迁校西安后的首个开学典礼在西安人民大厦礼堂隆重举行。此时交通大学在西安共有学生 3906 人，教职工 815 人（教师 243 人），家属 1200 余人，一所六千人规模的交通大学在西安古城正式诞生。交通大学首批迁校任务圆满完成。

为了统筹沿海与内地发展，根据合理布局的原则，1957 年 9 月，国务院批准高教部呈报《关于交通大学迁校及上海、西安有关学校的调整方案的报告》。同意"交大分设西安、上海两地，两部分为一个系统，统一领导。"同时，批准"西安动力学院全部并入交通大学西安部分。西北工学院的纺织、采矿（包括地质）两系及西北农学院的水利、土壤改良专业并入交大西安部分。"1957年9月起，动力机械系教职工前往西安报到。1958年1月至2月，电工器材制造系、电力工程系四年级学生和专业课教师、无线电方面的专业课教师迁至西安；同年暑假，机械制造工程系四年级学生和专业课教师迁至西安。至此，交通大学二批次西迁任务完成。

1959年7月31日，国务院批复教育部：以交通大学大部分专业及师生西迁为基础设立的交通大学西安部分，改名成立西安交通大学；以西迁后留沪的小部分专业及师生为基础设立的上海部分改称上海交通大学。原交通大学校长彭康同志改任西安交通大学校长。 8月27日，陕西省高教局转发教育部《关于交通大学上海、西安两个部分分别独立成为上海交大和西安交大以及两校分设后若干具体问题的处理意见》。交通大学沪陕两部正式分立两校，标志着交大迁校任务圆满完成。

西迁故事

周恩来总理与交大西迁

在西安交通大学西迁博物馆里收藏有一封周恩来总理1957年9月5日写给高教部部长杨秀峰的信，信中写道："八月四日高教部报告和九月四日你的来信均阅。关于交通大学解决迁校问题及上海、西安有关学校的调整方案，前已口头同意，现再正式函告批准，请即明令公布，以利进行。"此信公布不久，交通大学大部分专业及师生陆续迁往西安，至此，中央部署交大内迁西安的战略举措得到圆满落实。1959年7月31日，经国务院批准，内迁后的交通大学定名为西安交通大学，其为中央实施西部开发奠定了重要的战略"先手"。

我们看到的仅是一封短信，其背后却浸润着周总理和中共中央为实现中华民族的全面发展和伟大复兴而付出的艰辛和努力。周总理日理万机，但为交大成功迁校付出了巨大心血。他关于解决交大西迁问题的正确主张和具体处理方案，及其在整个工作过程中所体现出的民主作风、求实态度，堪称中央尊重知识、尊重人才，充分发挥知识分子作用及正确处理人民内部矛盾的典型范例。

周恩来总理写给高教部部长杨秀峰的信

1955年交通大学西迁启动后，全校工作进展顺利，但也有一些意见和问题出现，而且也面临各种实际困难，周恩来总理对此十分清楚，曾一再提醒杨秀峰等注意研究动向，妥善解决。1956年夏，因时局变化，在西安新址举行开学典礼之前的两个月（6月27日），中共上海市委曾急电中央，复议迁校方案。《中共上海市委关于交大迁校问题给中央的特急电报》内称："上月在京从事科学规划的专家以交大西迁将影响学生质量、科学研究、特别是培养无线电人才的任务，要求改变部署，停止迁校。"经过慎重考虑，周总理坚持交大西迁，同时为照顾上海工业建设需要，提出"必须留一个机电底子，以为南洋公学之续"。

1957年4月至5月，在"鸣放"运动中，交大师生就如何办好交大、更好支援社会主义建设等问题展开热烈争论，二批西迁工作被迫停止。面对西北人民的殷切期盼和上海工业发展的迫切需要，交大师生"骑虎难下"。周总理遂电请交大沪陕两地政府及相关高校师生同赴北京，亲自主持解决西迁问题。周总理日理万机，但从5月20日至6月4日，他却抽出大量时间与各方面深入座谈，详细了解各方面的问题及意见。5月23日至25日，周总理连续三天听取各方面的意见；28日下午听取交大领导汇报后，当日晚上又邀请交大几位教授到中南海面谈，直至次日凌晨2时。经过半个月的座谈调查，周总理全面了解了交大迁校相关方面的意见，决定于6月4日在中南海西花厅召开专题会议讨论迁校方案。会上，周总理做了近万字的长篇报告，说明了交大西迁方案出台、复议的宏观历程背景及具体过程；并指出，交大迁校及随后方案的调整，实系国家经济文化发展战略部署的调整所致。至于交大师生该何去何从，周总理从社会主义均衡发展与合理布局的精神入手，着眼于中华民族的长远发展，提出着眼点是"一切有利于社会主义建设"，"我们是社会主义高校""是集体主义者，必须从全面着想"。最后提出，"求得合理安排，支援西北方针不能变"的总原则和以支持西北发展为核心的指导思想，他说："如果大家可以接受，我不放弃全迁的可能。"

以总理讲话为指引，经过一个月的大讨论，交大师生员工的思想认识得到了统一，决定实施迁校新方案，即采取一个学校两个部分的办法来处理交大迁校问题。凡是适合在西安发展的各系各专业的大部分力量，尤其是所有新建的理科专业、新技术专业迁往西安，同时也照顾到沿海地区的需要而留下一部分力量在上海继续发展，并作为交大西迁后盾。在当时情况下，这是一个实事求是的创造性举措，既符合总理提出的设想，也得到了校内外一致赞同。

6月4日会后，周总理十分牵挂交大迁校工作，6日，他专门叮嘱即将赴沪开展工作的杨秀峰：去那里就是要与大家共同研究问题。在深入讨论并最终形成新的迁校方案的一个月中，周总理经常与杨秀峰、柯庆施、彭康进行电话联系，及时了解情况并做出指示。他多次强调，要坚持启发自觉和团结一致相结合，上下一心、同心同德把交大迁好、办好。对此，杨秀峰体会很深："每一次给总理汇报，总要我注意不勉强，要客观些，这主要是为了主动。"正是在总理的亲切感召下，交大人蕴蓄已久的积极性在此得到充分发挥，交大迁校很快步入正轨。

学有所思

　　全国一盘棋是心往一处想、劲往一处使的集体主义，是坚决服从党中央统一指挥、统一协调、统一调度，是大局意识和全局观念。西迁时期，交大人坚决服从党的号召，主动参与西部开发，为西部建设、为国家发展交上了满意的答卷，结出了丰硕的创业果实；2020年新年伊始，新冠肺炎肆虐华夏大地，各地区各部门坚决服从中央联防联控机制的指挥，全国人民众志成城、同舟共济，最终取得"抗疫"战果。全国一盘棋是中华民族守望相助克时艰的法宝，是万众一心共患难的中国力量。回望历史，中华民族拧成一股绳以获自强之例不胜枚举，你能举出哪些例子？

资料链接

西北：新中国工业建设的"乌拉尔"

　　1953年，中央实施"一五"计划。"一五"计划投入施工的156项重点工程在西北地区建设的有22%，占国家总投资额的18.25%，仅次于东北地区。

　　西北工业发展的前景是广阔的。第一个五年计划决定建立以包钢、武钢为中心的华北、西北、华中新工业基地。

　　西北工业基地任务很重，如铁道，全国新线5000公里，西北有2500公里，占了一半；复线有京汉、陇海、大同与西安线。

　　动力方面，全国工业企业限额以上的813个项目中，西北有224个，占27.6%。投资方面，工业企业总额为355亿，西北有113亿，占总数近三分之一。

　　西北地区的重点工业项目中，兰州有石油；太原有重型机械；西安有飞机配件厂；包头有坦克发动机厂、大型水电站、热电站等。

"一五"时期，一大批新兴工厂相继建成投产，工业规模迅速扩大，工业生产迅猛发展。陕西是重要的新工业发展区之一。苏联帮助我国设计建设的156个重点项目中，在陕西布点24个，占15.4%，时居全国第一位（与辽宁省并列）。同时在建的还有一批与之相配套的建设项目和其他一些大中型项目。"一五"期间，全省有近百个大中型项目建成投产，其中苏联援建的重点工程就有10项，即黄河机械厂、西北光学仪器厂、昆仑机械厂、宝成仪表厂、烽火机器厂、庆安机器厂、新征机器厂、华山机械厂、西安机械厂、秦岭电工厂。其余14项除东风仪表厂推迟到1959年开工建设外，均于"一五"期间动工兴建并于"二五"期间完工投产。这些工业项目，涉及机械制造、电力电器、煤炭、纺织、金属冶炼、搪瓷、印染、化工、军工等众多工业门类。其中大多数工业项目都是陕西从来没有过的。重点工程由苏联援建，按照苏联最新标准设计，技术水平相当高，有的甚至达到世界先进水平。

在中央部署和全国支持下，沿海的建筑行业、服务行业、科研院所、文化事业单位等迁往西安，西安逐步建成了纺织城、电工城、飞机城、军工城等相对完整的工业基础体系。到1957年，陕西省工业总产值较1952年增长了2.08倍，平均每年递增25.25%。

工业化建设的关键是人才，西北地区建设人才极度匮乏，此为我国工业发展的最大短板。加快高等教育，特别是西北地区高等工业教育建设，是高等教育部的重点工作。1955年3月，高教部党组提出缩减沿海城市高等学校规模，支援扩大内地学校规模的一揽子方案。3月30日，高等教育部党组在呈报国务院《关于沿海城市高等学校1955年基本建设任务处理方案的报告》中写道："根据我部和中央各有关业务部门初步商定，拟立即着手在西北、西南、中南等地区筹建下列学校：将东北工学院等四校的土木建筑专业调出，在西安成立西北土木建筑学院；将北京工学院化工方面的专业调出，在西安附近成立分校；将南京航空专科学校迁至西安附近，成立西北航空学院；将交通大学机械、电机等专业迁至西北设交通大学分校（具体地点和陕西省委商定），准备在两三年内全部迁出；将苏南工业专科学校和沿海其他工学院机械系部分专业调出，在洛阳成立机械学院；将华南工学院、南京工学院、交通大学等校的电讯工程有关专业调出，在成都成立电讯工程学院……"

经过上述调整后，内地高等学校由1951年的87所增至115所，西安作为新兴的工业基地，高等学校由1951年的8所增至1957年的22所。包括交通大学（西安部分）、西安动力学院（1957年下半年并入交通大学）、西安航空学院（1957年并入西北工业大学）、西安建筑工程学院、解放军通信兵工程学院（今西安电子科技大学）等工科院校，构筑起西北地区机、电、动、建筑、冶金、纺织、水利、军工、地质、通信等相对完整的高等工业教育体系。

20世纪60年代，中央再次提出三线建设战略，大批沿海企业单位内迁，形成了川渝大三线建设高潮。陕西汉中、商洛、凤县等均有三线企业基地。两次大的工业文化力量内迁及后续发展，为西部奠定了相对完整的工业基础，提升了西部总体的技术文化水平，较大程度上改变了西北高等工业教育的薄弱状况，推动了西部地区各行业的快速发展。

正是在建设大西北的形势与背景下，一大批单位由沿海、东北内迁到西北、内迁到西安，汇聚成了磅礴的洪流。

第二章
胸怀大局

　　胸怀大局，即坚持国家至上、民族至上、人民至上的使命担当精神，核心是"心有大我"。这是中华优秀传统文化中知识分子"为天地立心、为生民立命、为往圣继绝学、为万世开太平"的天下为公精神之继承发展。

　　交通大学内迁西安，是她创建60年后，面向学校未来和共和国未来的一次庄严的出发，彰显了交大西迁人浓厚的家国情怀和殷殷的报国精神。从繁华的大上海到古城西安，披荆斩棘、勇攀高峰，用生命和汗水在一片麦田上建起一所著名大学，绘制出邦国荣华，并向世人昭示，一所大学所肩负的使命，与国家民族的命运血脉相连。交大西迁人以民族大义为念，以家国天下为重，舍小家顾大家，将个人的命运与国家的兴衰荣辱紧密相连，将为祖国繁荣富强而奉献青春年华作为毕生的价值追求的生动体现，集中体现了"党让我们去哪里，我们背上行囊就去哪里"的坚定信念，"哪里有事业，哪里有爱，哪里就是家"的炙热情怀和"始终与党和国家的发展同向同行"的执着追求。其背后闪耀着深厚的爱国之情与强烈的报国之志。

第一节　胸怀大局

对西迁人而言，"胸怀大局"不仅是豪迈的口号，更是可歌可泣的行动。在他们身上，"胸怀大局"精神引领的巨大力量，体现为"以国家发展目标为责任担当"的鲜活的具体行动。对他们而言，国家的需要，就是大局；事业的需要，就是大局；学科建设的需要，就是大局；课堂教学的需要，就是大局……他们在"小我"与"大我"之间坚定地选择了做大写之人！

西迁故事

> 要在西北扎下根来，愿尽毕生之力办好西安交通大学。
>
> ——彭康

不负使命，掌舵西迁
——交大校长兼党委书记彭康

1928 年入党，长期从事党的思想文化宣传工作的"老革命"彭康，是具有深厚造诣的马克思主义哲学家，也是开拓了新中国高等教育的教育家。1955年，作为交通大学校长兼党委书记的他，担起了领导交大西迁以及随之而来的分设两地和各自独立建校等一系列艰巨任务。西迁之时，彭康已步入知天命之年，却以非凡的毅力和卓越的领导力，完成了西迁使命。

彭康校长（左4）亲自带队勘定西迁校址

对于交大迁校这件关系国家工业建设布局和高等教育发展全局的大事，彭康雷厉风行地执行党中央的决策。在对迁校问题发表意见时，他开宗明义："我们这个多科性工业大学如何发挥作用，都要更有利于社会主义建设"，"我们的国家是社会主义国家，因此考虑我们学校的问题必须从社会主义建设的合理部署来考虑"。短短数语，道出了彭康老校长心系国家发展、为人民办好教育的热切情怀。

在迁校最关键的1957年，交大这艘"航船"一度处于激流之中。在5月初的一次校委会上，曾经出现过多数人不赞成继续迁校的情况。他在随即召开的党员大会上坚定地表示："迁去是对的！"彭康不管别人怎么讲，自己始终坚持这一点。他从来都认为，迁校是党和国家交给交大的一项重要任务，做好这件事，不但有利于国家和民族，也必然有利于学校和师生员工。他一再提醒大家说："迁校对，必须迁，这是从长远来看，并不是一年、两年就可以看出来的。""交大的问题不简单，我们不要光考虑交大在上海怎样，在西安怎样，不能老是在交大这个范围来考虑问题，要把眼光放得宽些、远些。"

此后，彭康和校党委委员们有针对性地加强教育和引导，一个系接一个系、一个教研室接一个教研室地做工作。老教师拖家带口，部分人年事已高、体弱多病，去西安确有困难。彭康和党委不惜花大力气去做老教师的工作，一个个摸底，既鼓励老教师在迁校中带头，也尽量照顾他们的困难。对于青年教师，彭康的要求就更高、更严一些。经过多日连续工作，一遍遍耐心地说服教育，学校中正面的声音越来越响亮，逐渐占据了主导地位，一个学校、两个部分的新迁校方案有了扎实的群众基础。

以此为基础，1957年6月25日，彭康再次主持召开大会，他在会上强调指出："交大这个问题牵涉到各个方面，牵涉到合理部署问题"，"我们要进一步认识到自己的责任，认识到我们这所学校不单是交大的交大，而且是人民的交大"，"要把党和人民利益看得高于一切"。

他还满怀信心地表示："学校分设两地以后，在统一领导下，我们要下决心把西安、上海两个部分都办出高水平，以更好地发挥交大的作用。"

交大西迁过程中，彭康与学校领导集体共同经历了艰难的考验。彭康始终坚持国家建设与发展的大局观念，将党和国家的利益放在第一位，以高瞻远瞩的战略眼光、无私奉献的献身精神，带领交大师生奔赴祖国西部，开辟了西安交大一份崭新的事业，用自己的实际行动践行了他的庄严承诺："要在西北扎下根来，愿尽毕生之力办好西安交通大学。"

> 爱家首先要爱国，没有国哪有家？青年人应该到艰苦的地方去，到祖国最需要的地方去。
>
> ——张鸿

传承薪火，续写西北高教新篇
——交大副教务长张鸿

数学家张鸿，曾留学日本，与交通大学的结缘始于 20 世纪 40 年代抗日战火纷飞的时期。1949 年之后，张鸿先后担任交通大学校务委员会委员、华东军政委员会教育部副秘书主任等职，负责华东地区教学工作的开展。这一时期的历练，为他日后在交通大学的西迁工作，乃至主持西安交通大学的教学工作打下了基础。

继 1955 年 5 月校务委员会通过迁校决定后，张鸿教授于 1956 年携病妻弱女，克服重重困难，与首批西迁教职员工及家属一起离开上海奔赴西安。无论是从迁校时间紧迫的程度，还是西安与上海的自然物质条件差异来说，举家迁往西安都绝非易事。然而在华东教育局等行政领导机关工作的履历，以及参与过新中国成立之初院系调整的经历，使他能够从宏观上理解中央的决策，深知此次迁校的重大战略意义。他积极响应国家部委和学校党组织的号召，以大局为重，毅然放弃上海熟悉优裕的生活环境，带头西迁。他从社会主义建设的战略高度来认识迁校问题，他曾说："西北是祖国强大的工业基地，迫切需要一个专业齐全、力量强大的学校为她服务，因此应该争取交大西迁，来支援祖国的社会主义建设。"在他的带动和感召下，迁校队伍中诸多存在畏难情绪的教师也逐渐打开心结，随同西迁。

西迁时，张鸿任交通大学西安分部的副教务长。1959 年 7 月，交通大学上海部分和西安部分分别独立建校后，张鸿开始担任西安交通大学副校长。这一时期，他的主要任务是协助彭康校长贯彻落实党的各项方针政策，同时还具体负责抓教学，工作十分繁重，但他恪尽职守，无怨无悔，坚持深入课堂一线，参与并推进各项教学研究，一心扑在工作上。张鸿勤奋踏实的工作作风，以及其无私奉献的精神给广大师生员工留下了深刻的印象，这在诸多西迁的教工和学生中有口皆碑。

张鸿教授（右）指导青年教师备课

据学生回忆，常常看到张鸿下班半小时后，才拎着饭盒去食堂。张鸿的爱人身体不好，女儿在交大毕业后，为了便于照顾张鸿的爱人，学校安排他女儿留校工作，他坚决拒绝了，坚持让女儿服从分配去外省工作。他说："爱家首先要爱国，没有国哪有家？青年人应该到艰苦的地方去，到祖国最需要的地方去。"

作为教育管理者，张鸿长期分管教学工作，对教师队伍建设十分重视。他所在教研室的每个青年教师进行试讲，他都要去听，之后认真进行讲评，坦诚提出意见，鼓励他们发扬优点，改进不足。面对主讲教师严重不足的困难，已经多年忙于行政而离开讲台的他，重新拿起教鞭主讲高等数学，在教学第一线上拼搏奋斗，直至生命的最后一刻。

第二节　勇担责任

　　中国知识分子历来有浓厚的家国情怀和强烈的社会责任感，他们愿意为了国家富强、民族振兴、人民幸福而前赴后继、上下求索，甚至甘洒热血、慷慨赴死。西迁精神是中国知识分子家国情怀的升华，从黄浦江到黄土地，西迁知识分子默默奉献于国家发展大局，勇敢承担起时代赋予他们的责任和使命。卓越厚重的西迁精神实际上是新中国知识分子爱国情怀与责任担当的集体写照。

西迁故事

> 我们永远为中国工程奋斗到底。
>
> ——陈学俊

工程强国梦，一世西部情
——中国工程热物理奠基人陈学俊

　　2017年7月4日2时26分，我国著名的能源动力科学家，中国科学院院士，我国锅炉专业、热能工程学科创始人之一，多相流热物理学科奠基者陈学俊教授因病在西安去世，享年 99 岁。

陈学俊出生于动荡国难之时，学成后矢志工程报国，他创办了我国锅炉专业、热能工程学科，开创了多相流热物理学科，一生为中国工程事业奋斗到底。盛夏夜空，灿星陨落。陈学俊走完了他在峥嵘岁月中坚守初心的一生，留下的是顾全大局、勇担使命的厚重背影。

投身西部建设，矢志为民谋福

1941 年，22 岁的陈学俊首次登上全国性学术会议讲台，宣读了我国锅炉制造方面的第一篇论文——《锅炉制造工艺的研究》。他感怀作了一曲《工程师进行曲》，后来流传甚广："争名利，无意义，学工程，有志气，为人民，谋福利，为社会，求进取，我们大家一致把心齐，爱团体，我们永远为中国工程奋斗到底。"

1946 年 7 月，陈学俊以优异的成绩获美国普渡大学机械工程硕士学位，于 1947 年 3 月回国。陈学俊回国后即任交通大学教授，他认为，要独立自主发展中国动力工程工业，必须结合中国实际，必须有所创新，必须培养高层次人才。

1949 年初上海解放之际，陈学俊的家人苦劝他去台湾团聚，但他毅然选择留在上海参加新中国的建设。

1957 年陈学俊教授迁校前告别上海全家留影

1957 年，陈学俊和夫人带着 4 个孩子，乘坐载有基础技术课与专业课教师的专列由上海来到了西安。临行前，他们将自己购置的两间房屋无偿交给了上海市房管部门。陈学俊说："既然去西安扎根西北黄土地，就不要再为房子而有所牵挂，钱是身外之物，不值得去计较。"

甘为人梯育英才，能源桃李满天下

新中国成立之初，陈学俊暗许宏愿：发展经济要以教育为本，国家富强必先发展工业，而发展工业就必须要有大批的专业人才。他决定到高等院校专心执教。

育人六十余载，陈学俊亲自教过的学生有 2500 多人，他们中的绝大多数已经成为我国动力工业领域的骨干力量，不少人成为有重要贡献的专家、教授、两院院士。

陈学俊一贯重视品德教育，时时不忘先教做人。他经常以自己的切身体会教育学生爱国、爱党、爱人民、爱社会主义，鼓励学生们要有理想、有志气、自尊自信、勇于创新、贵在坚持。他是一位严师，要求学生们在工作和学习中不怕苦，把最大的精力投入到教学和科研中去。他又是一位慈父，贴心关怀着学生们事业和生活的方方面面。他因患病需前往北京动手术，为了把学生的答辩工作安排好，他将手术日期一拖再拖，临走时还再三叮嘱学生答辩中应当注意的问题。多年来，在他的影响下，他的学生大多选择留在国内，特别是扎根西部城市，为祖国的西部大开发建设服务。

陈学俊一生十分简朴，却热心捐资助学。1996 年，他将获得的 10 万元奖金分赠给安康希望工程和西安交大，设立研究生奖学金。2006 年，他又在学院内设"陈学俊优秀奖学金"。陈学俊教育基金设立至今，先后有近 200 名师生获得资助。

如今的西安交大这棵大树已生长得枝繁叶茂，作为西迁大军中最年轻的教授，陈学俊是这棵大树上当之无愧的一杆擎天枝。扎根西部六十余载，他勇担时代重责、身体力行，拓下一片疆土、播撒一片繁荫，继续滋养着后学之士。

> 要把自己的全部知识，传授给青年。
>
> ——陈季丹

勇立时代潮头，开创电介质课程
——中国电介质教育奠基人陈季丹

陈季丹，1928 年毕业于交通大学电机系，1934 年获英国曼彻斯特大学电机工程硕士学位，1945 年始任交通大学电机系教授。

1953 年应我国社会主义工业化和教育事业发展之需，陈季丹毅然放弃了原来熟悉的无线电专业，创建了我国第一个电器绝缘与电缆技术专业，首开"电介质理论"新课。他所教的课程理论性较强，为帮助学生理解，他常想方设法到各处借仪器，争取在课堂上进行直观性的示范实验；每次课外答疑，他都会与辅导教师一起参加，每当课外答疑与听专家课或会议时间冲突，他定要补足答疑时间；为了准备新实验，晚上忙到十一二点以后已成家常便饭；每次生产实习，他都会作深入的检查，还会亲自带领学生们参与实习；在考试前夕，他也亲自为学生安排复习计划并进行辅导。

1955 年，他积极响应党的西迁号召，不但自己坚决去，更积极动员说服其他同志，到其家中访问，了解他们在迁校中遇到的困难。1958 年，陈季丹教授带头将全家及全教研室人员与设备一起迁往西安。迁校后，他在工作上更加勤奋负责，刻苦钻研业务，不断探索新路子，对新开的电介质物理课程，调整教学内容，改进教学方法。

迁校后，他许下"要把自己的全部知识，传授给青年"的诺言。陈季丹真心关心青年教师，尽心尽力培养青年教师。

20 世纪 50 年代，在陈季丹领导下，西安交大新成立了绝缘材料研究室，为国家培养出了第一批绝缘材料方面的研究生。他急国家之所急，奋发图强，带领全室同志大搞科研，猛攻尖端，设计试制成我国第一台 33 万伏超高压套管和第一根 33 万伏超高压电容式充油电缆，成绩突出。

陈季丹教授（左3）和青年教师一起畅谈学习

1982 年，陈季丹参加在上海同济大学举办的一个中外专家学者共同参与的学术研讨会，会议规定与会者用英语发言并限定 30 分钟发言时间。陈季丹不顾年老体弱，认真对待，用英文誊写了发言稿，还在家里用录音机反复练习。在这次会议上，陈季丹用流利的英语清晰扼要地介绍了已取得的科研成果，获得国内外专家一致好评。进入暮年，陈季丹常以"老骥明知夕阳短，不用扬鞭自奋蹄"勉励自己为祖国多做贡献。他晚年年高体弱，还承担了指导硕士、博士研究生的任务，在教学、科研之余，翻译《无线电原理》等著作，主编《电介质物理学》等书。

1985 年 5 月 8 日，陈季丹教授因病医治无效在西安逝世，享年 77 岁。陈季丹先生是我国电介质理论的开创者之一，是首批获准为博士研究生的指导教师，几十年的教学生涯，为国家培养了大批的专业技术人才，他的学生很多已成为电气绝缘专家。陈季丹一生始终与祖国同呼吸、共命运，勇于承担时代责任，敢于探索未知领域，严谨治学、勤勉育人、兢兢业业、鞠躬尽瘁，他高山景行的人格魅力将一直激励后辈不断超越自我、不负时代使命！

拓展阅读

> 只有在祖国把同样的事做成了，才是最大的满足。
>
> ——黄大年

心怀大我敢为先，赤子至诚勇担当
——享誉世界的地球物理学家黄大年

　　黄大年曾深情述说："人的生命相对历史的长河不过是短暂的一现，随波逐流只能是枉自一生，若能做一朵小小的浪花奔腾，呼啸加入献身者的滚滚洪流中，推动人类历史向前发展，我觉得这才是一生中最值得骄傲和自豪的事情。"黄大年同志58年的生命历程，始终澎湃着"只要祖国需要，我必全力以赴"的爱国之情，践行着"振兴中华，乃我辈之责"的报国之志，在后人心中树立起一座巍然屹立的精神丰碑。

专业无人及，功德冠群英

　　黄大年是一个"被仰望、被追赶的传奇人物"。他与高手过招，从未败过。他在英国剑桥ARKeX地球物理公司任研发部主任时，手下管着300号"高配"人马，包括他国院士。他带领团队实现了"在海洋和陆地复杂环境下通过快速移动方式实施对地穿透式精确探测"的技术突破。回国不久，他出任"深部探测技术与实验研究"项目第九分项的首席专家，这是国内有史以来最大规模的深探项目。

　　2009年，某国航母舰队耀武扬威在太平洋演习，听说黄大年回到中国后，舰队自动后退100海里。此事，外媒报道，新华社转载，惊动中外。

　　外国航母舰队何以后退？盖因黄大年身怀绝技使然。

他是国际知名地球物理学家、战略科学家，擅长"给地球做CT"。他回国前研发的高科技整装技术装备，能在快速移动条件下探测地下和水下隐伏目标，广泛应用于油气和矿产资源勘探，尤其是潜艇攻防和穿透侦查等军民两用技术领域。他带领团队成功研制出的航空重力梯度仪系统，能精确探测位于国界和交战区地下隧道以及隐藏在民用建筑物地下的军事设施。他曾在某国军队的"潜艇"和"飞机"上做过试验，搞过技术攻关。

这样的高手，自然让人联想到"一个人顶几个师"的钱学森。而李四光、钱学森、邓稼先那一代"前辈高手"，恰是黄大年自小的偶像，他曾在自己的朋友圈用邓稼先的例子发出过"黄大年之问"——"看到他，你会知道怎样才能一生无悔，什么才能称之为中国脊梁。当你面临同样选择时，你是否会像他那样，义无反顾？"

赤胆忠心，中国脊梁

1982年，黄大年从长春地质学院本科毕业，题赠友人以照片，上书9字："振兴中华，乃我辈之责！"1993年初冬，他奔赴英伦深造，启程前回望同学，大声说："等着我，我一定会把国外的先进技术带回来。"

2009年，他51岁，正是科学家的黄金年龄，"绝学"练成，声播宇内，却选择归来，成为东北地区引进的第一位世界级专家。一边是洋房名望，英伦风景，剑桥流水；一边是祖国召唤，从头开始，道远任重。当面临选择时，黄大年义无反顾。他以最短的时间辞职、售卖别墅、办回国手续。

"他肯定会回来。"熟悉他的亲友，无不如是说。

"多数人选择落叶归根，但是高端科技人才在果实累累的时候回来更能发挥价值。"他说，"现在正是国家最需要我们的时候，我们这批人应该带着经验、技术、想法和追求回来。"

他毅然归来，一片丹心。英国的生活很好，但在他看来，"在这里，我就是个花匠，过得再舒服，也不是主人。国家在召唤，我应该回去！""作为一个中国人，国外的事业再成功，也代表不了祖国的强大。只有在祖国把同样的事做成了，才是最大的满足。"他回国后，国家"巡天探地潜海"工程得以填补多项空白。因为他，中国深部探测能力已达国际一流水平。

他看淡生死，赤诚报国。他说："中国要由大国变成强国，需要有一批'科研疯子'，这其中能有我，余愿足矣！"他身体不好，常年大把吞速效救心丸，却说："我是活一天赚一天，哪天倒下，就地掩埋。"他曾晕倒在万米高空，被送医院，人未醒，双手却紧抱电脑，掰不开。醒后第一句话是："我要是不行了，请把我的电脑交给国家，里面的研究资料很重要……""大年是我见过的最纯粹、最赤胆忠心的科学家！"施一公评价道。

他淡泊名利，感动中国。有一项地球勘探项目缺领军人物，但这个上亿元项目却一分钱也分不到他头上，他二话不说，披挂上阵。学校屡次催他抓紧申报院士，他说，"先把事情做好，名头不重要"。黄大年被评选为"2017感动中国人物"，颁奖词如是说道："作别康河的水草，归来做祖国的栋梁。天妒英才，你就在这七年中争分夺秒。透支自己，也要让人生发光。地质宫五楼的灯，源自前辈们的薪传，永不熄灭。"

黄大年一生为大写之人，一心担时代之责，高风懿行，自成楷式。

学有所思

　　"胸怀大局"是西迁精神的首层内涵。这个大局，总体来说，就是"一切为更好建设社会主义服务"这个国家发展大局；具体层面，也包括东部和西部均衡发展、共同发展这个大局。西迁中不是没有犹豫和徘徊、矛盾和困惑，只是交大西迁人跳出了个人利益和局部得失的小格局，对祖国的热爱、对理想和事业的执着和坚守，使他们有着更开阔的视野，使艰苦的物质条件变得微不足道。以彭康、张鸿等为代表的西迁人无不是勇担时代之责的大写之人。先有国，才有家，这种大爱不仅改变了个人，也改变了历史，创造了历史，更被历史所铭记。每个人在实现自我价值过程中，不可避免要遇到"小我""大我"之争，当你遇到这样的问题时，你会怎么面对和解决？

第三章
无私奉献

　　伟大的事业，需要有奉献精神的人。无私奉献，是中国知识分子忠贞不渝的气质本色。上启孔子"修齐治平"之道，下至林则徐"苟利国家生死以，岂因祸福避趋之"之境界，无不说明了中国知识分子矢志奉献的精神风骨。

　　中国共产党历来重视知识分子的作用，党章宪法上即明确了共产党人和广大知识分子要"全心全意为人民服务"的行为准则和价值追寻。新中国初建，为巩固社会主义政权，全面建设社会主义，中国共产党领导人民进行了史无前例的历史探索。在宏伟的"一五"建设计划中，西部是工业国防建设当之无愧的重心。为全力支援西部，以交大为代表的一批沿海高等工业院校热切响应党中央的号召，义无反顾，昂首挺进，扎根西北，肩负起了祖国振兴伟业，成为西部大开发的先行者和核心引领者。特别是在新中国建设初期，很多学有所成的海外留学知识分子纷纷回国效力，放弃了在国外的优越生活，投身于新中国的建设之中。他们为新中国的建设殚精竭虑，在教育、科技、国防、医疗等方面贡献突出。

　　西迁人把毕生心血都奉献给了祖国的大西北，他们"鞠躬尽瘁，死而后已"的献身报国、赤诚为民的精神成为知识分子价值观的生动写照。

第一节　无私奉献

　　"党让我们去哪里，我们就去哪里"的坚定信念彰显着始终与党和国家发展同向同行的执着追求。西迁老一辈用生命和汗水奠定了西迁丰碑牢固的根基，用赤诚热血把西安交通大学建设成为西部的一颗璀璨明珠。

西迁故事

> 　　伟大的事业，决定了我们更加需要知识和知识分子，更加需要知识分子为国家富强、民族振兴、人民幸福多作贡献。
>
> ——习近平

西迁殉职的第一位教授
——中国工程力学专业奠基者朱城

　　毕业于交大机械工程系，后赴麻省理工学院攻读博士，师从国际著名振动学权威专家邓哈脱，获振动学博士学位的力学教育家朱城于1951年学成回归，回到母校交大任教。1956年随交大西迁，担任新成立的材料力学教研室主任，主持工程力学新专业的筹建工作。

抗战时期，国立交通大学学生从军合影（后排左三朱城）

朱城力学造诣精湛。早在1948年4月，交大曾收到一封函件，内容是美国麻省理工学院邓哈托教授致函国民政府教育部的批转信，信中盛赞朱城在该校"高等力学"考试的35人中勇夺三甲。毕业时，为了报效祖国，朱城拒绝多所知名大学的邀请，选择回国回母校任教。

随校西迁后，朱城为制订工程力学专业教学计划付出了大量心血。当时工程力学专业在国际上基本还是空白，无成例可援，苏联虽有类似于"工程力学"方面专业，如莫斯科动力学院就有"机器强度和动力学专业"，但朱城认为其过于狭窄，不能完全模仿。朱城查阅国外的大量相关资料，广泛征询国内力学界、工程界人士的意见。当时专业的培养目标已经明确，但整个五年的教学计划、课程设置等尚未具体化，为了便于周密考虑反复修改，他把黑板搬到家里，在黑板上画着表格、书写一些课程名称，废寝忘食地工作。同时他还编著了一本颇具特色的《材料力学》，该书内容深广，论述严密，被誉为中国的"铁氏材力"（铁木辛柯的《材料力学》为享誉世界的科技名著），后被教育部选定为通用教材。

朱城呕心沥血，把赤诚热血洒在国家科学研究的园地里，为国内首批工程力学专业的创办做出了重要贡献，以致积劳成疾，38 岁英年早逝。他是交大第一位倒在岗位上的西迁教授。临终前，校领导前去看望他，他还说要努力入党。

> 在国内有我的事业，我们这一代在祖国长大，对祖国是有感情的。总希望把自己的国家搞好。我们有能力走自己的道路，完全可以赶上世界先进水平！
>
> ——唐照千

振动力学家唐照千

固体力学家、振动工程和实验力学专家唐照千，于 1956 年随交大西迁，在 30 余年的从教时间里开创了国内振动测试技术、时序分析研究与力学应用新领域，引领了国内断裂动力学研究。

唐照千（左）与弟子陈惠波（右）在一起

唐照千教授在海外有好几位亲属，在国外完全能得到比国内更加优越的研究条件和生活条件，但他始终以一颗赤子之心，热爱党，热爱祖国，忠诚于人民的教育事业。20世纪80年代他出国学习结束，域外亲友竭力挽留，他牢记"我是中国学者"的责任，坚决回归母校，曾毫不迟疑地说："我是国家派出来的，当然要回去。国家派我出来学习，回去为国家做事，这很自然。我们这一代人在祖国长大，对祖国是有感情的，总希望把自己的国家搞好。我们有能力走自己的道路，完全可以赶上世界先进水平！"

唐照千一生致力于西安交大应用力学学科的发展壮大，为购置科研急需的电子器件和国内稀缺书籍资料，他把哥哥给他买小汽车的钱全用来买了图书资料和仪器。"科学研究和家庭生活二者不可兼得，上海亲友多，应酬也多。"为了能整个身心扑在国家科研上，他选择离开上海的父母、妻儿，只身一人在西安工作，钻研学术，在力学领域成就卓著，发表了具有创新思想的《裂纹快速扩展的瞬态振动和响应计算模型》等论文。唐照千对我国力学的一项重要贡献是，经国家科委批准，创办了国家级学术刊物《应用力学学报》。

1987年4月，西安交大在唐照千先生捐赠100万港币基础上设立"唐照千奖学金"，实施30多年来，先后有750人获奖。

第二节　矢志报国

中国知识分子历来有着矢志奉献、无怨无悔的高尚道德情操，西迁知识分子公而忘私、埋头深耕，将无私奉献的优秀品质内化为新时代知识分子报效祖国、服务人民的强大精神动力，在西部黄土地上高扬"全心全意为人民服务"的献身精神，成为西部大开发的先行者和引领者，为西部大开发战略的实施和西部的振兴作出了不可磨灭的贡献。

西迁故事

> 德国有西门子，我们要办中国的东门子
>
> ——沈尚贤

举家西迁高风尚
——中国自动化奠基者沈尚贤

"举家西迁高风尚，电子领域乃前贤"是江泽民同志在沈尚贤教授100周年诞辰时为这位恩师的题词。沈尚贤是我国自动控制与电子工程教育的奠基者，他把"振兴民族工业"作为自己的人生理想，响应国家号召筹办了工业企业电气化专业，为在国内自行开展研究生教育迈出了关键的第一步。

1957年，交通大学就西迁展开辩论，当时交大有数名教师在北京参加各类新专业的培训，校方要求沈尚贤在京组织这些教师展开讨论。沈尚贤力陈迁校的重大意义，最后形成一致赞成迁校的决议，对迁校的最后顺利完成作出了重要贡献。

迁校时，沈先生旗帜鲜明，坚决拥护。他不仅身体力行带头西迁，还动员妹妹沈德贤和妹夫陈国光一起举家西迁。沈德贤时任交大基础理论力学讲师，陈国光早年毕业于浙大电机系，后留美学习航空无线电设计，回国后在上海一家无线电设计单位担任重要工作，夫妻二人工资待遇优厚，生活美满悠闲。沈尚贤与妹妹、妹夫推心置腹地交谈，动员他们放弃上海优越的生活条件，到西安任教，支援大西北建设。1956年，沈德贤陈国光夫妇将上海住房捐献给政府，带着三个年幼的孩子来到西安，住房条件远不及上海，福利待遇也降低了，但面对西北的荒寒贫苦，全家人却无怨无悔。1958年，沈尚贤举家随校西迁。沈尚贤的率先垂范对电力系和其他系大部分中青年教师顺利迁到西安起到了鼓舞和激励的作用。沈氏兄妹携手西迁，也在交大历史上成为美谈。沈先生将自己一生中最美好的时光奉献给了西安交大，为西安交大建设发展鞠躬尽瘁，直至生命最后一息。1990年，原国家教委颁赠他铭石一座，上刻铭文"老骥伏枥，志在千里，桃李不言，下自成蹊"。

在当年的西迁大军中，像沈尚贤这样堪称学界泰斗的教授还有很多。他们心中都有着共同的信念：不把西部开发建设起来，中国就没有真正的繁荣昌盛。这就是知识分子挺起的时代脊梁！他们以青春和热血书写新中国建设的历史，在祖国西部扎根、开花、结果的这份执着和豪情以及为民族和国家命运不计个人荣辱得失的家国情怀植根于华夏民族的血脉，永远汇入中国知识分子的精神长河！

> 只要一息尚存，就要努力争取重新入党，终身为党的事业去奋斗。
>
> ——殷大钧

赤诚向党，矢志献身西北教育事业
——物理教育家殷大钧

殷大钧于1948年从美国加利福尼亚州立大学研究院物理系硕士毕业后，回到交通大学执教。1955年中央决定交通大学西迁，在关于迁校问题的讨论中，殷大钧提出，要解决西部地区教育落后问题，可在西部地区建设新校，由包括交大在内的老校给予支援。他克服家有88岁老母、自己身患胃病的困难，带头报名全家西迁，并动员校内外物理教师来西安工作。

迁校后物理学方面的第一届研究生，即由殷大钧培养，他亲授经典光学和量子光学两门课。在特殊的历史阶段，殷大钧处境艰难却坚守教学一线。当

殷大钧教授（左）宣读入党申请书

时生活条件极差，夫妇二人住在 20 平方米左右的一间房子里，共用筒子楼里的蜂窝煤炉烧饭，共用公用水龙头、公用厕所。恰在这时，在清华电机系的独生女儿病故，殷大钧自己又染上肺结核，内心的惨痛、凄楚和悲凉可想而知，然而殷大钧仍日夜伏案备课，坚持工作，写字台上摆放着爱女的骨灰盒，他却没有缺过一堂课，兢兢业业、笃行不倦。

1986 年，殷大钧第二次申请加入了党组织，他说："无论是在白色恐怖或炮火连天的战争年代，还是在解放以后和平建设的年代，共产党的领导是中流砥柱，保证了我们事业的胜利，领导我们事业的核心力量是中国共产党。""在我的一生中，没有做过对不起党的事情，党组织对我的爱护和期望，让我感到温暖、受到鼓舞。"殷大钧遭遇历史不公、受尽屈辱，却无怨无悔，继续为交大物理学的重建呕心沥血，面对师资、设备等硬件条件不足的现实，殷大钧为师生们树立信念，激发同行的干劲，没有条件创造条件，年届八旬的他为解决师资设备问题，亲访西安光机所，促成所校合作，共同培养研究生。可以说，西安交大物理系的重建，殷大钧是第一功臣！过世之后，交大遵照其遗愿，把他毕生藏书和资料全部献给物理系。

坚定拥护党的方针路线，一直向组织靠拢，始终不渝地忠诚于国家的教育事业，身处逆境，无怨无悔，一身正气，鞠躬尽瘁，与党同心同行，其风骨、其人格令吾辈敬佩与缅怀！

拓展阅读

大医仁心护西行
——沈云扉、沈伯参叔侄俩

"长安好，建设待支援，十万健儿湖海气，吴侬软语满街喧，何必忆江南！"这首创作于 1957 年的《忆江南》道出了无数西迁交大人的心声。而这首充满豪情壮志的词作者便是西迁而来的沪上名医沈云扉。

沈云扉（右一）西迁后在卫生室坐诊　　　　　　沈伯参

　　60多年前，数万名教职工人员，在国家需要时，在时代选择中，背起行囊，毅然决然来到大西北，用激情、智慧、热血、汗水谱写了一曲曲壮丽的生命赞歌。在西部，在陕西，在交大，在各行各业，西迁人的故事还有很多，这其中既有人尽皆知的老教授们，还有校医、校职工等默默付出的群体，他们的故事同样感人，沈云扉便是其中一位。沈云扉，字尧阶，曾任南通医学院院长，同德医学院创始人之一，担任过西安交通大学校医科科长。沈先生从学于德文医学堂（今同济大学前身），有感于战火纷飞的年代人们面对病魔肆虐，立志要行走世间，用医术治病救人。1918年，沈云扉先生带着十几名学生，从南通医学院来到上海，取同心同德之意，创办了同德医学院，一边教书育人，一边治病救人。从1922年受聘为南洋公学的校医时，他的命运就和交大紧紧相连。1937年淞沪会战后，上海沦陷，沈云扉先生带领学校，继续在上海坚守，同德医学院也成为当时上海最大的医学院，收治伤患不计其数。沈先生也成为开办医院、创建医校的医学教育家。1946年，应吴保丰校长之诚聘，他放弃经营多年的私人诊所，与同为西医大夫的侄儿沈伯参一并进校担任交大校医，自此不辞辛劳为师生服务终身，深为交大人所爱戴。

　　1955年闻知交大迁校，沈云扉当即表示愿带头前往西安。彭康心有不安，曾再三登门委婉劝阻，"年纪大了，就留在上海吧"。他自己却决心已定，坚持到底。彭康感动之余，叮嘱他一定留下上海的住房，什么时候想回来都可以。在交通大学西迁过程中，沈云扉叔侄携全家在1956年第一批到达西安。

1957年4月、5月间，校园中因迁校争论一时闹得沸沸扬扬，沈云扉心里很不是滋味。6月13日，他在校刊发表《我的看法》一文，虽然只有短短几句，但却很有分量："我认为迁校问题应从教学质量上来研究决定，我是一个医务工作者，不懂教学方面的事，所以我随学校走，学校到哪里我就到哪里，上海、西安或兰州、乌鲁木齐等等我都应该跟着走。但是，我认为苏联能够以无私的精神给予我们人力物力的帮助，难道一国之内先进地区不应当帮助落后地区吗？上海不应当帮助西安吗？"写了这篇短文后意犹未尽，他接着又填《忆江南》辞章六阙，发表在6月25日的校刊第一版，并迅即为《西安日报》所转载：

长安好，自古帝王州，陵阙汉家残照里，古官唐代话风流，不见使人愁。

长安好，小住便为家，秦岭回旋龙起伏，渭河蜿蜒舞银蛇，最爱月笼沙。

长安好，文物认前朝，地势建筑气候爽，民风淳朴耐勤劳，闲坐磕胡桃。

长安好，遍地是资源，煤铁蕴藏多少吨，麦田绵亘若阡陌，富庶拭睛看。

长安好，建筑仰遗徽，雁塔崔巍分大小，琼楼钟鼓峙东西，那得不徘徊。

长安好，建设待支援，十万健儿湖海气，吴侬软语满街喧，何必忆江南。

学有所思

响应祖国号召、毅然西迁的一代先辈，在西部这片荒凉的黄土地上，与党同心、与民同行，洒赤诚热血，书无悔篇章，他们的一生刻上了"无私奉献"的崇高与伟岸，他们是新中国蓬勃进取的时代注脚。光阴荏苒，半世春秋，在中华民族实现伟大复兴的今天，仍不乏传递"无私奉献"之炬的青年学子：从耶鲁毕业，选择一方田垄俯首躬行，在荆棘和贫穷中拓荒，当一名村干部的秦玥飞；选择回归家乡百色大山，奋斗在扶贫攻坚第一线的北师大法学硕士黄文秀……他们在最美的韶华时投身艰苦、选择奉献，在祖国最需要的地方留下最美的身影。在多元价值观冲击的当下，你怎么看待这些青年学子的选择和行动？

第四章
弘扬传统

弘扬传统，即坚持爱国爱校、精勤育人、追求卓越、勇创一流的精神，其核心是"造就国之桢干大材"。

交通大学诞生于清末民族危亡之际，是中国高等工程教育的重要开拓者和探索者，在创立之初即明确提出"以造就国之桢干大材"为己任、"冀与欧美各国颉颃争胜"的办学定位。至西迁之际，交通大学在上海创业的一甲子历程中业已形成了"爱国爱校、追求真理"的优良革命传统和"精勤育人、追求卓越"的良好校风。在此传统校风的砥砺下，交大成长为中国最为优秀的工业大学，培养出了一批杰出的人才，如伟大的人民科学家钱学森，荣获"共和国勋章"的吴文俊、黄旭华等。西迁后，在学校党委的领导下，西迁师生薪火相传，砥砺传承，坚持德才兼备的育人方针，使交大的文化传统在西北大地根深叶茂，春华秋实。西迁后的交大不仅培育了一批扎根西部的优秀学子，还把交大优秀的文化远播西部大地；西迁精神也与关学文化、延安精神相互激荡，创造转化，形成了支撑学校双一流建设的新时代的"爱国奋斗、创业奉献"的文化。

第一节　弘扬传统

　　以交大西迁知识分子为代表的西迁群体，将为祖国繁荣富强而奉献青春年华作为毕生的价值追求，他们用实际行动践行着"到祖国最需要的地方去建功立业"的庄严承诺，用青春和奋斗故事表达了"始终与党和国家的发展同向同行"的坚定信念。这种以国家和民族复兴为己任，将个人理想融入国家发展大局的崇高价值追求，是对中华民族爱国主义精神的创造性转化和创新性发展，体现了西迁人浓厚的家国情怀。

西迁故事

> 工业农业要重建，茫茫西北亟待营
>
> ——苗永淼

共负中兴业，力薄一份情
——中国流体机械及工程教育奠基人苗永淼

　　20世纪50年代初，新中国建设亟需大批人才，在美国已相继获得学士、硕士、博士学位的苗永森与众多旅居美国的优秀学者们毅然投入祖国怀抱。在归国途中，他赋诗一首——"船泊菲律宾，气炎蒸桅林。跂跂观故里，谈吐笑伊邻。朋比开愁颜，妻儿待归音。共负中兴业，力薄一份情。"表达了他的爱国情怀。回国后他立刻投入新中国的建设工作中——任教交通大学。

1956 年，在苏联专家的帮助下，苗永森在交通大学创建了我国第一个透平压缩机专业，成为这一领域的主要奠基人、开拓者。1957 年，苗永森随校西迁到西安，把自己的毕生精力奉献给了我国的能源与动力事业。1981 年成为教育部首批批准的西安交通大学 18 位博士生导师之一，是国家重点学科和重点实验室的带头人。回国以来，苗先生主要从事透平压缩机研究，在全国透平压缩机和化工机械行业中具有很高声望；曾主持出版俄语、德语、英语译著、专著、教材近十部，其中，1982 年出版的《透平压缩机结构与强度计算》已成为优秀教科书和参考书。

苗永森在生活上一贯朴素，工作中勤奋努力，急国家所急，付出大量心血参与筹建在我国还处于空白的流体机械及工程专业。经过他和同事们的努力，这个专业终于在我国首建并成为第一批博士点专业；1985 年培养出西交大的第一位博士；1988 年所领导的流体机械及工程学科成为首批国家重点学科。他的努力使交大流体机械在国内处于领先水平，缩小了同世界先进水平的差距。

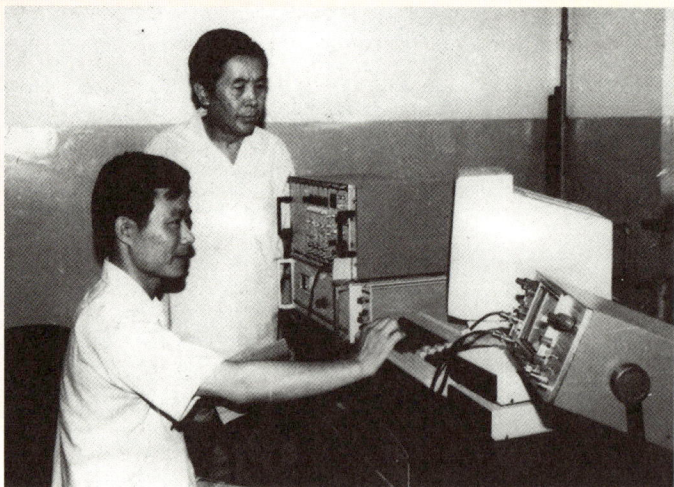

苗永森教授（站立者）正在指导研究生

苗永森非常重视学校和学科的发展。20 世纪 80 年代，他给学校提出过两条建议：一是学校研究生数量迅速增长，自己编写的计算机程序很多，应当组织人力将这些程序汇总加工为商业软件出售，这样既服务于社会，又能为学校带来经济效益；二是建议学校建立管道运输专业。现在看来，这些建议极具远见。

苗永森一生勤勉认真、学而不厌、抚育英才、提携后学。他曾在诗中写道："工业农业要重建，茫茫西北亟待营。"他献身教育、建设大西北的爱国热情跃然纸上，并始终贯穿其一生，直至埋骨于黄土高原。

> 我什么都不要，我要的只是祖国的富强。能为她的富强贡献自己的力量就是我最大的幸福。
>
> ——杨延篪

为国奋斗，为国赢得荣誉
——著名机械工程专家杨延篪

在交大建校 85 周年暨迁校 25 周年之际，时任教育部部长蒋南翔发表重要讲话，特别提到了西安交大的两位教师，称赞他们是"又红又专的优秀人才"的杰出代表。其中一位是青年教师孟庆集；另一位则是不图安逸生活享受，谢绝香港亲友的劝说和挽留，坚决返回母校，为祖国的建设事业艰苦奋斗，并在教学和科研方面作出显著成绩的教师杨延篪。

杨延篪出生于香港，因不愿接受殖民地教育，只身赴沪，于 1947 年考入交通大学航空系，毕业前夕加入中国人民解放军空军，1954 年转业后回母校任教，1956 年随校西迁。

青年时的杨延篪心怀民族大义、报国之志，长途跋涉回内地求学。不想却就此与家人关山阻隔，近三十年音信全无，未见一面。

1978年，杨延篪给久未谋面的亲人寄去家书，除絮语亲情外，还写道："多年来，我最值得自豪的就是，我是和全体人民同甘苦、共患难过来的。虽然我们的生活比不上你们，但是我们在精神上是幸福的。我们总算为祖国今天的富强贡献出了自己的力量。"寥寥数行，凸显其未改的初衷和坚定的志向。

杨延篪教授在备课

杨延篪的父亲一直经商，兄弟姐妹也都学有所长、生活富裕。1979年，杨延篪率家眷赴香港探亲，家人极力挽留他在香港定居，相关部门许诺为他提供现代化住房、高薪职位、欧美发达国家签证，等等。杨延篪却质朴地回答说："我什么都不要，我要的只是祖国的富强。能为她的富强贡献自己的力量就是我最大的幸福。"

"为祖国的富强而奋斗是最大的幸福！"杨延篪不仅心里这样想，嘴上这样说，行动上更是这样做的。探亲结束后，他如期回到学校，一头扎进了之前已初见成果的"机床切削理论研究课题"中。此前，他与人合作的学术论文已被评为"达到国际先进水平"，并在英国伯明翰第二十届国际机床设计与研究年会上交流。这是中国的研究成果首次展示于国际机床动力学术界。

1980年，杨延篪被派往伯明翰大学机械系进修，研究课题是"用微机进行铣床动态验收试验"。杨延篪几乎从未接触过微机，更不用说用它来编译程序了。托贝斯教授担心他难以完成任务，建议他订购编译程序软件。杨延篪却认为："我是中国学者，为了祖国的荣誉，我必须拿出成绩来，表明中国学者是有能力的。"他谢绝托贝斯教授的好意，竟从最简单的编程指令学起，最终不辱使命，不仅在进修一年中顺利取得课题成果，还受邀指导该校的研究人员。

1981年11月9日，伯明翰大学公报上报道该校机械系与西安交大订立合作协议一事。报道中，托贝斯教授称赞中国学者"非常能干而且勤奋"。他断言"再过二十年，中国人会成为西方可怕的竞争者"。所有这些评语都表明我们在国外的学者用自己的行动为祖国赢得了荣誉。

第二节　发奋自强

民族革命时期，交大人为民族国家奋不顾身，坚定追求理想信念，培养出一批投身科教兴国的国之栋梁。西迁过程中，交大人将这种勇气和品格带到了西部并不断发扬光大，表现出为国为民前赴后继、自强不息的奋斗精神，为高等教育兴国事业继续谱写时代华章。

西迁故事

> 到西安来就是要搞科研，要建设实验室。国家的需要就是我们前进的方向。
>
> ——谢友柏

自力更生，振兴中华
——中国摩擦学创始者谢友柏

谢友柏于 1957 年到达西安后，面临的第一大困难就是没有实验室，没有办法搞科研。他说："要培养学生具有勇于探索客观规律的精神，教师自己首先要具有这种精神，要培养学生具有探索客观规律的能力，教师自己首先要具有这种能力。如果自己不研究，没有亲历的体会，仅给学生转授一些书本上的内容，是很难培养出向科学进军的人才。"动手创造条件，建设轴承实验室成为西迁后的首要工作。平地起楼、白手起家，创建实验室的过程艰苦异常。

20 世纪 60 年代初，国家经济困难，特别是冬天，又冷又吃不饱，很多人都浮肿了。即使如此，谢友柏坚持科研，一次去洛阳一个企业搞科研协作，最后一天粮票用完了，只好在农贸市场上买红枣充饥。半夜回到西安，已经没有公交车了，他背着从洛阳一个协作单位要来的 12 个铁疙瘩和空气轴承试验用的高压阀门，徒步走到和平门，背包的带子不堪重负断了，他只好扛着这些铁家伙走回宿舍。在制造滚动轴承时，谢友柏负责制作滚珠，他将钢筋切成短圆柱，将一台立式钻床改成研磨机，用水玻璃调制研磨剂，在改造的研磨机上把那些短圆柱研磨成球。为了尽快建好滚动轴承，他没日没夜地磨，水玻璃洒了一身，外套被水玻璃固化后弄得像钢板一样。即使如此，他连续几天不回宿舍睡觉，实在困了，就用木板铺在车间水泥地上躺一躺。

20 世纪 70 年代，沈阳鼓风机厂正在研发新型号的鼓风机，委托交大做轴承性能试验，这是交大的轴承试验台第一次在产品研发上发挥作用。试验中，有一次轴承转速达到 8000 r/m，联轴器上的尼龙绳散了，绳头摔出来像刀一样

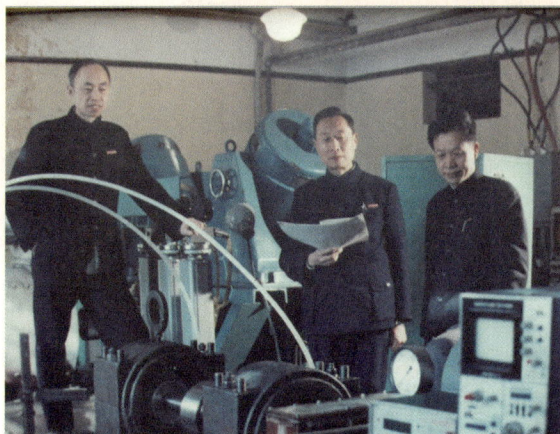

20 世纪 80 年代在西安交大轴承所研究试验方案（左二谢友柏）

割断了润滑油管，断油导致轴颈和轴承都烧了，谢友柏带着几位老师用三轮车将轴颈送到北郊辛家庙的陕西重型机器厂去修理，不料过铁路时车轴被震断，车翻了，蹬车的教师被压在车下面，大家赶忙抢救，又重新找了一辆架子车，才把转子拉到厂里。

高速试验需要增速箱，为了节省经费，谢友柏和教研室老师们自己设计，在自己实验室里加工、装配。但是齿轮要达到四级精度，就需送到宝鸡秦川机床厂去磨齿，谢友柏和另一位教师两人各背一个大齿轮上火车，当时科研条件之艰苦可想而知。他曾自己动手接增速箱里的润滑油管，在增速箱（连同驱动的试验转子系统）速度试验中，因为没有防护设备，他把别人都赶出实验室，一个人在试验台旁开车，因为增速箱的设计转速太高，空气中油雾弥漫，连对面墙壁也看不见，噪声尖锐可怕。就是在这样恶劣的实验环境中，谢友柏坚持做完实验。这个转速是当时国内转子系统达到的最高转速，并且这个系统直至今天还在使用。

实验室建成后，很多国外学者来参观。国际摩擦学学会主席乔斯特看了说："这是我看到过的最好的实验室。"日本东京大学染谷常雄教授参观后说："你们有钱，我很穷。"谢友柏说："其实我们的钱少得可怜，这是历经磨难，不断奋斗的结果。"

在谢友柏及其他同事的努力下，西安交大润滑理论及轴承研究所成立。该所服务国家建设，早在1958年就为三峡水轮发电机组推力轴承研发了模拟计算机做过计算，是国内最早能够用数值求解雷诺方程计算轴承性能的单位。该所曾经在西安办过一个轴承培训班，为全国许多高速旋转机械产品企业训练了一批轴承技术人才，很多高校、研究院所和企业用的轴承性能计算程序早期都出自轴承所。该所已成为我国摩擦学研究重要基地之一，建设了"现代设计及转子轴承系统"教育部重点实验室。

谢友柏自强不息，在科学的巅峰上不断前进；忘我工作，用生命点亮科学的殿堂。年过八旬的他在回顾西迁往事时，仍然热血沸腾："那时大家有一种精神，为了国家的富强，愿意不顾一切奋斗。"

> 我个人成为科学家的小梦想已经初步实现了，但是振兴中华的大梦想尚未完成，我还要和大家一起，为实现中国梦而贡献自己的力量！

——林宗虎

国际上第一个脉动流动时的沸腾传热计算式——"林氏公式"
——热能工程学家林宗虎

2019年12月21日，林宗虎因病医治无效在西安逝世，享年87岁，这位始终在能源工程理论领域探索前行的长者，永远地离开了我们，但他一生科技强国、奋斗不息的精神将永远留存。

从小生活在上海的林宗虎，目睹列强欺凌、日本侵略的种种事实，深刻感受到身为贫穷落后民族的苦痛和屈辱，少年时就立志"科技强国"，成为一名科学家。他于20世纪50年代初考入交通大学。当时新中国成立初期百废待兴，科研条件有限，没有现成的资料可用，他挤出生活费购买苏联学者的著作，硬是凭自己中学时学过的俄文底子"啃"下了诸多大部头书籍，研读了大量俄文学术期刊上的论文。在陈学俊教授指导下完成研究生学业后，参加企业生产研究。20世纪80年代，林宗虎以讲师身份到美国迈阿密大学做访问学者。两年的时间里，他如饥似渴地学习，几乎每天都工作到晚上12点以后，撰写并发表了8篇高质量论文，被美国同学戏称为"论文机器"。两年学成，林宗虎放弃了美国诸多优越条件，

林宗虎院士

毅然回到祖国，继续在西安交大从事科研与教学工作。迈阿密大学还曾专门致信林宗虎："您在美国期间，处处表现出是一位热爱祖国的学者，有很强的业务能力。"

在长期的科研生涯中，林宗虎形成了自己独特的科研观。他说："科研是创新，其价值就在于在原有认识基础上的开拓和创新。因而科研就是要研究别人未做过的事情，要探索出前人未知的自然规律。"他的科研成果主要分为三方面，即气液两相流体力学、沸腾传热学和多相流测量学。在气液两相流方面，他首创了一种全新的分流分相测量法；在沸腾传热方面，他创立了国际上第一个脉动流动时的沸腾传热计算式，即"林氏公式"，被国际上推荐为最佳公式，可用于光管和多种强化传热管，开拓了传热研究新方向；在多相流测试方面，他在"林氏公式"基础上，首先解决了用一个元件同时测定两相流量和组分两个参数的国际难题并获得专利和应用。他曾说："万物是在发展变化的，只有创新才能适应事物发展，促进人类进步，无论从事科技、艺术或其他事业，取得成绩者毫无例外都要具有创新精神。我们要依靠创新驱动开发新技术、新产品，从而引领发展。任何事业，不创新、不进取都没有发展前途，要被淘汰。"

林宗虎身体力行，笔耕不辍，及时将科研成果付之于著作，通过50多年的艰辛探索、刻苦科研，实现了自己当一名科学家的心愿。2016年接受媒体采访时他说："现今，我个人成为科学家的小梦想已经初步实现了，但是振兴中华的大梦想尚未完成，我还要和大家一起，为实现中国梦而贡献自己的力量！不能满足已有成绩，而应不断进取，不断攀登事业新高峰。"

拓展阅读

筑梦航天的"最美奋斗者"
——航天科技"北斗"团队

2020年6月23日9时43分，北斗三号最后一颗全球组网卫星在西昌卫星发射中心点火升空，卫星进入轨道后状态正常，发射任务圆满成功。历经数十载攻坚克难、自主创新，北斗三号全球卫星导航系统星座部署全面完成。

乘风破浪开辟飞天之路

20世纪80年代，中国开始探索适合国情的卫星导航系统发展道路，形成"三步走"发展战略。三步走战略连战连捷，中国航天事业从无到有、从小到大、从弱到强，走出了一条具有鲜明中国特色的发展道路。

1983年，以我国"两弹一星功勋奖章"获得者、国家"863计划"的主要提出者陈芳允院士为代表的专家学者提出了利用两颗地球同步轨道卫星来测定地面和空中目标的设想。

1994年，北斗一号系统工程启动建设。2000年，两颗地球静止轨道卫星成功发射，系统建成并投入使用；2003年和2007年，分别完成了第3颗、第4颗地球静止轨道卫星的发射，进一步增强了系统性能。北斗一号系统采用有源定位体制，为中国用户提供定位、授时、广域差分和短报文通信服务，使我国成为继美俄后第三个拥有自主卫星导航系统的国家。

2004年，北斗二号系统工程启动建设。到2012年底，完成组网发射，成功建成国际上首个混合星座区域卫星导航系统，服务区域覆盖亚太，北斗系统成为国际卫星导航系统四大服务商之一。

2009年，北斗三号系统启动关键技术攻关与工程建设。2018年，北斗三号基本系统建设完成，正式向全球提供基本导航服务，中国北斗向全球组网的目标迈出了实质性的一步；2019年12月底，全球系统核心星座部署完成；2020年6月23日，第55颗北斗导航卫星成功发射，北斗三号全球卫星导航系统星座部署全面完成。

自主可控肩负强国重任

"北斗是国之重器，事关国防现代化建设和国民经济发展，自主可控至关重要。"北斗三号总设计师陈忠贵说，"关键核心技术是要不来、买不来、讨不来的。"

航天科技"北斗"团队是我国自主研发北斗导航卫星系统的中坚力量，数十载深耕，突破自主导航、星间链路等一大批核心关键技术，30年的排星布阵，实现了从北斗一号到北斗三号关键器部件100%国产化。从卫星本体构造、导航总体技术到核心单机研制，北斗的国产化之路，步履艰辛，通过三代北斗系统的探索与实践，一路披荆斩棘，交出一份令世界震惊、令国人满意的答卷。

"国产化是从北斗一号的太阳帆板做起的实行。"北斗一号总设计师范本尧院士回忆说，北斗一号系统建设时，国外对我们技术封锁，关键单机和元器件被一些国家"卡脖子"，而国内的部件厂家尚未成熟，北斗一号研制只能在摸索中起步。"当时北斗是第一个'吃螃蟹'的，硬着头皮上。不论是东方红三号平台的横空出世，还是影响长寿命的三大关键部件，凭借自力更生的创业精神，北斗一号解决了卫星最基本的问题。供配电的太阳帆板，为卫星提供由光转为电的部件，以及控制系统的转动机构，这些核心产品的国产化，让北斗卫星的身体有了一副"中国体格"。

北斗二号打破了国外的技术封锁，攻克了以导航卫星总体技术、高精度星载原子钟等为代表的多项关键技术，让卫星导航系统"心脏"跳动出"中国心率"。

北斗三号开启了创新发展的新征程。五院卫星团队率先提出国际上首个高中轨道星间链路混合型新体制，形成了具有自主知识产权的星间链路网络协议、自主定轨、时间同步等系统方案，填补了国内空白；建立了器部件国产化从研制、验证到应用的一体化体系，彻底打破了核心器部件长期依赖进口、受制于人的局面。

"高性能、高可靠的北斗全球卫星导航系统建设，既是对北斗区域系统的完善与升级，更是聚焦世界一流卫星导航系统的攀登与跨越。"北斗三号工程副总设计师、卫星首席总设计师谢军说，系统建成后性能与美国的GPS相当，使我国卫星导航系统达到国际先进水平。

超级工程赓续民族精神

"耕宇牧星兮征远方，征远方兮费思量，征远方，费思量，道济天下兮路漫长。"这是中国航天科技集团有限公司八院长征六号运载火箭团队的试验队员杨湛林写下的几行诗句，一个航天人的浪漫情怀里，透着这支团队壮志傲苍穹的航天梦。从第一艘载人飞船进入太空，到第一颗北斗导航卫星闪耀天际，再到第一颗月球探测卫星飞向月球……航天科技集团依靠自主创新，迅速缩小了与航天科技发达国家的差距，走出了一条从跟跑到并跑领跑的中国特色航天事业创新发展之路。"经济的强大不代表一个国家的强大，只有航天强国，才能保障我们在国际上有更多的话语权，才能够保障国人不被欺辱。我们肩负着从航天大国向航天强国迈进和富国强军的神圣使命，我们坚信航天强国一定会在我们手中实现。" 上海航天局第八设计部设计师丁拓如是说。

从钱学森、邓稼先、郭永怀等"两弹一星"元勋到新时代的航天科技团队，精神赓续、薪火相传。一代代知识分子坚守报国之志，为国家、民族建立彪炳史册的伟大功勋，他们的名字在中华民族精神谱系中熠熠生辉，标示出爱国奋斗精神的历史厚度与时代高度。2019 年 9 月 25 日，航天科技"北斗"团队获得"最美奋斗者"集体称号，他们在自力更生，自我超越中孕育了"自主创新、团结协作、攻坚克难、追求卓越"的北斗精神，在超级工程的伟大构造中撑起了国人的脊梁，托起了民族的未来！

第五章
艰苦创业

艰苦创业，即坚持自力更生、开拓进取、奋发图强、建功立业的精神，其核心是"教育强国"。

西迁壮举铸就了艰苦创业的精神。在迁校之初，西安交大新校的教学设施、实验设备、工作条件、生活条件极为艰苦；面对种种困难和挑战，西迁"拓荒者"们以豪情壮志和英雄气概拉开了"创业"的序幕。未因迁校迟滞一届招生，未因迁校晚开一天学，未因迁校耽误一节实验课。而后通过迅速恢复理科建制、开办新兴专业、扩充实验室建设，快速提升人才培养、科学研究和社会服务能力，力保迁校后的教学育人水平。从黄浦江畔到西北黄土地、从昔日麦田到今朝知名学府，交通大学走过了一条极不平凡的创业之路，积淀、形成了艰苦创业的西迁精神，这种精神指的是交大西迁人在艰苦的自然环境和社会条件下，铸就的自力更生、不畏艰难的意志品质和矢志不渝、的奋斗不止的使命追求。艰苦创业的西迁精神传承和发扬了中华民族自强不息的优秀传统文化，是中华民族优秀传统文化的当代展现。艰苦创业的西迁精神继承和发扬了中国共产党人在革命战争年代和社会主义建设时期艰苦奋斗的优良传统，是中国共产党精神谱系的重要内容。

第一节　艰苦创业

　　孟子曰："大人者，不失其赤子之心者也。"真正伟大的人，不会在变化的时代和环境中患得患失、畏首畏尾长戚戚，而是能够纯真不伪、初心不改坦荡荡。只因国家的一声号召，老一辈交通大学知识分子就义无反顾地背起行囊，满腔热情地扎进学校建设中，一干就是一辈子。坚守赤诚心，艰苦不足畏。

西迁故事

　　我希望能为国家再健康工作 20 年。

——陶文铨

"80 后"院士，最美科技工作者
——世界著名传热学家陶文铨

　　耄耋之年的陶文铨荣获 2019 年"最美科技工作者"，可谓实至名归。

　　陶文铨是中国科学院院士、西安交通大学能源与动力工程学院教授、国际数值传热学专家，也是我国计算传热学学科分支的奠基人之一。

近30项国家、省部级科技成果奖及国家级荣誉；34项国家发明专利；300余篇第一作者或通讯作者SCI论文……一组组数字、一项项荣誉，是陶文铨一辈子奉献报国的最有力见证。

陶文铨院士

开创传热学科的多个第一

陶文铨出生于风景秀丽的江南水乡——浙江绍兴。1956年，正在读高中的陶文铨被交通大学毕业的钱学森的报国故事深深打动，虽然知道交大西迁，依然毫不犹豫地报考了交通大学动力工程系锅炉专业。

"交大迁到哪里，我就考到哪里。"就这样，他成为交通大学西迁后首批到西安报到的学生。本科毕业后考上研究生，师从西迁老教授杨世铭攻读传热学。

1979年8月的一个午后，陶文铨在学校图书馆翻到了一本英文版的《计算方法》，两个星期的时间，陶文铨写下了两本自学笔记，正是这本书，开启了他研究数值计算的大门，让他踏上了计算传热学的求索之路。

1980年，陶文铨到美国明尼苏达大学机械系传热实验室进修。他分外珍惜这难得的学习机会，抓住每分每秒，凡是有关数值计算的课程，都去听、都去学。"当时我就像一块干海绵被放进了海洋里，拼命地汲取知识的水分。"回国时他没想着给自己买点什么，而是用大部分积蓄买了书籍资料和磁盘，并将这些无私地与国内同行共享。

回国后的陶文铨一直潜心从事传热强化与流动传热问题的数值计算两个分支领域的研究，并开创了国内这一领域的多个"第一"。

如今的陶文铨依然发挥着余热，把更多精力放在了推动数据中心节能项目和氢燃料电池项目在陕西落地的相关工作上，希望团队的研究成果能够为社会发展作出贡献。

"我们只想通过从事的专业，使得我们国家在这方面能在世界上占一席之地，有话语权，处于领先地位。"朴实的话语掷地有声，陶文铨做到了。

再为国工作 20 年

"不能耽误学生一堂课"，这是陶文铨的工作宗旨。从 1966 年研究生毕业留校任教开始，陶文铨始终把学生放在心中最重要的位置，用 50 多载岁月的精勤付出，书写了一个大写的"师"字。

陶文铨上午做完白内障手术，下午就去给学生上课的故事很多人都知道，但至今听起来依然让人胆战心惊。"白内障开刀没有什么事，所以我上午开刀下午就去上课了，结果几个学生代表把我挡到门口，不让我去，说是已经通知学生解散了，我刚开完刀不能上课。"说起这段往事，陶文铨云淡风轻，但学生的关怀却让他笑得格外温暖。

每次上大课，陶文铨都会提前到授课的阶梯大教室。该阶梯教室是一个能容纳 367 人的大教室，但来听陶文铨讲课的学生经常超过此数。于是，他就自己买了 20 个小马扎，每次上课前让学生摆好。坐着小马扎认真听讲的学生，成为陶文铨课堂上独有的风景。

陶文铨常说："要对几百双渴望知识的眼睛负责。"所以虽然课程已经讲了很多次，但每次课前陶文铨仍会认真准备，纳入新的体会和内容。他说："上课就像梅兰芳演《贵妃醉酒》，演一遍有一遍的体会，讲一遍有一遍的收获。"

陶文铨桃李满天下，他的很多学生已成为学术带头人。在陶老先生看来，做基础研究必须要经过很长时间的积累，希望年轻人能够坐得住"冷板凳"。虽然已是 80 多岁高龄，但陶文铨笑言自己心态堪比 18 岁，"我希望能为国家再健康工作 20 年。"

把知识技能献给人民

——陈大燮

中国热力工程的先驱陈大燮

1957年，在西安交大新生入学典礼上，一位教师的发言令许多师生激动不已："我是交通大学包括上海部分和西安部分的教务长，但我首先要为西安部分的学生上好课。"这位教师就是时任交大教务长的陈大燮先生，曾被毛主席接见过两次的著名热工专家、国家一级教授。

陈大燮是中国热力工程教育的开拓者，早年毕业于南洋大学机械工程科，后赴普渡大学深造，获硕士学位。抗战时期交大渝校遭遇办学危难，他从中央大学驰援机械系，讲授热工学课程。陈大燮授课十分精彩，教室走廊、门口常被学生堵得水泄不通。专业知识讲解通俗易懂，如极易混淆的热力学单位"熵"，他就从10个方面入手，尽求透彻、清晰。陈大燮对学生要求很高，一次考试，他只出了一道题目，允许大家翻阅书本，自由讨论，但花了四个小时，班上仍无人能解。他记忆力超强，待学生格外亲切，课堂上能直呼学生姓名，即使毕业20年后的偶然相遇，仍能直接喊出所教学生姓名，令人惊叹不已。

1955年中央决定交大西迁，陈大燮热烈响应，带头西迁，积极撰文宣传西迁的重要意义，虽然当时他已身患糖尿病，但仍身体力行，毅然决定和爱人一起扎根西部，同时出任迁校委员会副主任，协助彭康校长全面推进迁校教学和科研任务的落实、保障，为交大专业教学的稳定和质量的提升作出了重要贡献。迁校之际交大招生规模扩大，基础课教师紧缺，为保障教学质量，他严格把关考选环节，亲自下教研室听年轻助教试讲，并认真点评。作为热工学带头人，他还动员同事一起将热工教研室完整搬到了西安，为学校热工学科的良好发展奠定了扎实基础。1957年，迁校问题出现争议时，陈大燮积极协助校党委集思广益，提出"一个交大，两个部分，相互支援"的建议，做了许多宣传动员工作，显示出他率先垂范、响应号召、服务西北的决心。"把知识技能献给人民"是陈大燮的毕生追求，也是他扎根西北的初衷。他曾说："我校之迁往西安，只是在西北地区对高等学校作比较合理分配的开始，因此将来我校对发展西北地区的建设事业是负有很重大的任务的。"

　　担任副校长后，陈大燮仍坚守教学一线，号召全校配合国家《十二年科技规划》，他带头开展科学研究，负责学科、科研的建设发展。他指出的工程热力学的两大研究方向，至今仍然是我国工程热力学领域的主要研究内容。由他创建的热工教学团队一直是国家级优秀教学团队。他带领全国知名专家编写了工程热力学、传热学及热工学等课程的教学大纲，出版了相关系列教材，为中国热工类专业教学建设打下了良好基础。

陈大燮奖学金颁奖仪式

　　陈大燮注重提携后进，像知名热工专家刘志刚、徐通模、陶文铨等皆属学校热工类专业培养的杰出人才。及至晚年，他仍不遗余力，贡献其所有积蓄为培养研究生助力。

第二节 科技报国

从当年的老教授到今天的交大师生，一代代交大人永葆艰苦创业的精神，紧跟时代发展方向，不断开创事业前进的新局面。西迁的历史与精神是老一辈交大人的，更应是新一代交大人的，也应是每一个击楫中流、为实现中国梦而开拓进取的中国人的。牢记复兴使命、弘扬光荣传统、扎根西部建设、争做时代先锋——西迁精神新传人正踏步向前，任重道远。

西迁故事

> 年轻时我就有一个科技报国梦，虽然距离目标还很远，但要从点点滴滴做起。
>
> ——卢秉恒

科技报国，敢想勇拼
——"中国 3D 打印之父"卢秉恒

卢秉恒是中国工程院院士、西安交大教授，被称为"中国 3D 打印之父"。

3D 打印技术也叫增材制造技术或快速成型技术，这项技术现已逐步应用于工业和生活的诸多领域，将有可能成为一种颠覆性的技术，带来一场新的工业革命。

卢秉恒

高瞻远瞩，自力更生

1992 年，卢秉恒在美国参观一家汽车模具企业时，第一次看到这家企业在模具制造中应用的一种快速成型技术，他马上意识到这项技术的先进性和广阔的市场前景。

1993 年回国后，卢秉恒提出，西安交大完全有能力自主开发出快速成型机！于是他带领着 4 位朝气蓬勃的博士生在简陋的实验室里开始了艰苦的研究历程。卢秉恒回忆道："当时对快速成型只有概念，没有任何资料，只能摸着石头过河，反复实验，反复论证，通宵达旦是经常的事，大家心里拧着一股劲，一定要把事做成。"

卢秉恒丰富的工作学习经历，练就了其过硬的动手操作能力和创新创造能力。他带着博士生自己开发软件、研发设备，除了买一些机械零配件，其他几乎都是他们自己动手做出来的。

1995 年，项目成果首批获得"九五"国家重点科技攻关项目 250 万元的资助，这极大地解决了团队科研资金紧缺的问题。1997 年底，卢秉恒团队承担的攻关项目提前完成。卢秉恒团队陆续开发出的激光快速成型机、紫外光快速成型机等一系列快速成型与模具制造设备目前处于国内领先、国际先进水平。

薪火相传，育人有道

卢秉恒说："我们学校不止要做'工程师的摇篮'，更要培养国家和企业急需的行业领军人才，理论知识、企业实践和国际视野均不可或缺。"他带学生就要求两点：要有新思路、自己动手干。

卢秉恒的育人理念和他自己的从师经历密切相关。1979年，34岁的卢秉恒考入西安交大，成为机械制造专业的硕士研究生，三年后读博，师从著名教授顾崇衔。"顾老的思想很新，越是新的东西他越感兴趣。学生跟他学习，最大的收获就是思维开阔、敢于尝试。""我的导师就是当年挈妇携子，从上海到西安。虽然生活艰苦，但看到大西北的建设轰轰烈烈，激发他全身心投入教学科研。""先生的榜样就是有力的鞭策，他们一代的西迁精神极大地影响了我，鼓舞我克服困难，成为我奋发前进的力量！"

纵观卢秉恒的科研道路，都是紧扣国家重大需求，勇于创新，攻坚克难，进而取得令人瞩目的成就，并带动整个团队乃至学院做强做大。他对3D打印技术的前瞻性眼光和战略性思维让人叹服。

鞠躬尽瘁，壮心不已

作为3D打印领域的学术领头人，卢秉恒自己一直在身体力行地将科研成果转化为产业应用。如今已是古稀之年的卢秉恒不是在实验室，就是在出差的路上，成了名副其实的"空中飞人"。他被邀请到全国多地去作讲座。他说："讲座交流对中国3D打印技术领域会有很大的推动作用。"

与国外相比，我国3D打印技术虽然起步较晚，但在航空航天和医疗领域的应用上走在世界前列。目前，中国3D打印技术的主要缺陷在于产业链尚未形成、原创技术太少、产业化的应用规模远远不够。卢秉恒说："我们有信心在'中国制造2025'计划中，提前10年实现以3D打印为代表的增材制造目标，与美国并驾齐驱！"

如今卢秉恒仍身兼数职，事务之多可想而知。"年轻时我就有一个科技报国梦，虽然距离目标还很远，但要从点点滴滴做起。现在赶上了国家发展的好机会，只想尽自己所能为国家多做些事情。"

> 应当让年轻人把这个班接得更好，让他们有更好的责任感。因此创造和传承十分重要。
>
> ——郑南宁

紧跟前沿，健康工作
——人工智能专家郑南宁

郑南宁，1952年生，1975年毕业于西安交大，留学归国后任教于西安交大，曾任西安交大校长。人工智能、计算机视觉与模式识别专家，中国工程院院士。

躬耕科研，求真务实

1981年，郑南宁在日本庆应大学攻读博士学位时，日本机器人领域处在蓬勃发展的阶段，大学里先进的实验环境和浓郁的研究氛围让郑南宁震撼不已，并激发了他的学习动力。1985年，他学成回国，在模式识别领域著名学者宣国荣教授的带领下，经过半年多的努力，组建了西安交大在人工智能领域第一个专职科研机构——"人工智能与机器人研究所"（简称"人机所"）。郑南宁认为，人工智能是一门综合性的前沿交叉学科，其技术的发展一定会给人类带来革命性的变化，合理并有效地利用人工智能技术，意味着价值创造和竞争优势。

多年来，郑南宁带领其研究团队进行了长期、系统的创新性研究，为中国模式识别与人工智能和图像处理学科及工程技术的发展作出了突出贡献。

郑南宁院士

在科研中，他勤恳务实，严谨求真。郑南宁的作息时间为许多人所熟悉：7点一过到办公室，中午不休息，晚上继续工作。努力搞科研、拼命攻课题，是许多同事对他的评价。他说："科学是奇妙而深奥的，稍微欠了火候就不会有精彩发生，有时再向前多跨一步或许就是谬误，科学探索的道路永无止境，对科学要怀有敬畏之心。科学家的精神和追求影响着时代，也改变着时代。"

为祖国健康工作五十年

郑南宁不仅是一位有着深厚学术造诣的科学家，还是一位"一口气能做五十个俯卧撑"的体育达人。在他的理念里，科学与体育的结合迸发出的魅力是势不可挡的，锻炼和科研都是一个漫长的过程，需要耐得住寂寞并不断突破极限。

郑南宁认为，一所合格的大学要注重搞好教育教学，一所好的大学要注重对学生素质的培养，一所优秀的大学除了前两者之外，还要注重对学生体育精神的培养。学校培养学生的体育精神，就是要塑造坚强的人格和强健的体魄，培养追求卓越的意识。为此，他大力提倡"为祖国健康工作五十年"的体育精神，在忙碌的工作中，始终坚持和学生一起跑步、游泳、骑车。"人的一生其实很短暂，要健健康康为国家工作五十年，如果没有好的身体怎么行？在我们所，只要有能够活动的地方，就有简单的体育器材。我们这里就像一所业余体校，大家一起去郊游、骑行、游泳、打球，气氛非常活跃。"郑南宁笑言。

虚怀若谷，助推后浪

郑南宁说："教育本身是一个优雅、缓慢和美妙的过程。" 抛开那些熠熠发光的身份和光环，郑南宁首先是一位"和学生打成一片"的教师，人机所成立33年，只要不出差，郑南宁大部分时间都跟学生在一起。他常常对老师们讲："学生幸福快乐，老师才幸福快乐。"

"我们现在把院士捧得太高。要让院士走下神坛，院士就是在自己的小院子里做点事儿。院士背后是许许多多默默无闻的人在支持，他们只是这个团队的代表人物。"郑南宁如是评价自己的工作。"研究所成立至今已有 30 多年的历程，前 30 年我还年轻，跟着大家一起奋斗。但是舞台总是要落幕的，每一个人都是时间的过客。应当让年轻人把这个班接得更好，让他们有更好的责任感。因此创造和传承十分重要。"

"大学教师作为文化的传承者，使命在于用知识、人格魅力以及学者风范教育和感染学生，做学生健康成长的守护者和引路人。要培养学生对生活和学习的热情，让他们静下心来把书读好，把社会读懂，使学生成长为有思想、会思考的人。"

作为教师的郑南宁，培养了数百名人工智能领域的毕业生，这些学生奉献于国家的各行各业，用知识与智慧推动着科技的发展。而他慢慢地退后，从主导者到欣赏者，一直退到人机所的"后郑南宁时代"。

拓展阅读

花甲痴翁，志探龙官。惊涛驻浪，乐在其中！

——黄旭华

沉默的中流砥柱
——"中国核潜艇之父"黄旭华

1926 年，黄旭华出生于广东省汕尾市，祖辈大多从医，很小的时候，父母就希望他未来能够从医。然而在他颠沛流离求学之时，正值抗日战争时期，黄旭华目睹了山河破碎、同胞受难的景象，"如果国家太弱，那我们只会任人欺凌、宰割！"黄旭华在心里默默发下了誓言："我不学医了，我要读航空、读造船，将来我要制造飞机捍卫我们的蓝天，制造军舰从海上抵御外国的侵略。"1945年7月，从小在海边长大、对海洋有着深厚感情的黄旭华以专业第一名的成绩考取了交通大学造船系船舶制造专业，开始追寻"造船造舰"抵御外侮的报国梦想。

1954年，美国核潜艇首次试航。1958年，面对占据核垄断地位的超级大国不断施加的核威慑，我国启动了研制导弹核潜艇工作。毛主席下令："核潜艇，一万年也要搞出来！"怀着科技强国的梦想，面对"苦干惊天动地事，甘做隐姓埋名人"的庄严誓言，黄旭华一颗火热的赤子心开始熊熊燃烧。在当时"一穷二白"的中国，工业基础薄弱，研制核潜艇谈何容易！没有人见过核潜艇，加之国外严密封锁，没有任何参考资料，一切都要靠自己摸索。黄旭华和同事们大海捞针般从国外的新闻报道中搜罗有关核潜艇的只言片语，仔细甄别这些信息的真伪，拼凑出核潜艇的大致轮廓。当时国内还没有手摇计算机，大量数据只能用老式算盘和计算尺来计算。每一组数字由两组人计算，获得相同答案才能通过。黄旭华还想出了更"土"的办法——磅秤称设备。为了确保潜艇的重心严格控制在设计范围内，黄旭华要求，所有拿到船上的设备、管线都要过秤，登记在案；凡是拿出船体的边角余料，也要一一登记，几年来天天如此。他还要求记录的重量必须精确到小数点后两位，并逐一检查，不合格的退回去重称。

世界上有两样东西亘古不变，一是高悬在我们头顶上的日月星辰，一是深藏在每个人心底的情怀和信仰。对于黄旭华来说，他的信仰是祖国的需要。为了祖国的需要，他和年轻的同事们忍饥挨饿，笑对困难。

三年自然灾害后，中央决定全面开启核潜艇研制工作。1966年，黄旭华拖家带口，带领同事们进驻荒岛——葫芦岛。岛上一年四季狂风怒吼，黄沙肆虐，不仅自然环境恶劣，物资也极其匮乏，常常是吃了上顿没下顿。

为了积蓄撼山震地般的力量，他的割舍超乎寻常。

为了祖国的需要，他是父母的"信箱"。30多年中，他和父母只靠书信往来。8个兄弟姐妹都不知道黄旭华研究核潜艇，父亲临终时也不知他是干什么的，母亲从63岁盼到93岁才见到儿子一面。

　　为了祖国的需要，他是妻儿的"客家人"。同丈夫一个单位，妻子李世英对黄旭华的事业多了一份理解和支持，她选择了"不打扰"的相守，独自扛起家庭重担，毫无怨言。

　　功夫不负有心人，他们突破了核潜艇中最为关键、最为重大的核动力装置、水滴线型艇体、艇体结构、人工大气环境、水下通信、惯性导航系统、发射装置七项技术难关，也就是"七朵金花"。

　　1970年12月26日，中国第一艘核潜艇终于成功试航，从此劈波斩浪，遨游在深蓝大洋之中。

　　1988年初，我国在南海进行核潜艇设计极限深潜试验。为了稳定军心、鼓舞士气，原本不必下水的总设计师黄旭华决定亲自参与深潜。惊心动魄的深潜开始了：100米、200米、250米、300米……巨大的水压使艇身多处发出"咔嗒""咔嗒"的声响，黄旭华沉着应对，指挥若定，给了大家无穷的信心。试验成功了，新纪录诞生了，全艇沸腾了！黄旭华笑了，当即挥毫："花甲痴翁，志探龙宫。惊涛骇浪，乐在其中！"

　　1994年，因在核潜艇研制方面功勋卓著，黄旭华当选中国工程院院士，被媒体誉为"中国核潜艇之父"。他却说："中国核潜艇是在毛泽东、周恩来、聂荣臻的直接领导下，由大批科研人员和工人师傅集体创造出来的，是集体智慧的结晶，我只是其中一员，在自己的岗位上尽心尽力做了应该做的事。"

　　黄旭华一生不计名利、为国奉献，敢吃苦、勇担当，是真正的中国的脊梁！正如"2014感动中国十大人物"给予黄旭华的颁奖辞："时代到处是惊涛骇浪，你埋下头，甘心做沉默的砥柱；'一穷二白'的年代，你挺起胸，成为国家最大的财富。你的人生，正如深海中的潜艇，无声，但有无穷的力量。"

学有所思

艰苦奋斗既是一种思想，也是一种行为；既是一种精神状态，也是一种工作作风。中国共产党人是靠艰苦奋斗起家立业，靠艰苦奋斗发展壮大的。交通大学迁校之时，面对种种困难和挑战，西迁"拓荒者"们以"有条件要上，没条件创造条件也要上"的豪情壮志和英雄气概拉开了"创业"的序幕。从黄浦江畔到西北黄土地、从昔日麦田到今朝知名学府，西安交大走过了一条极不平凡的创业之路，谱写了一曲感天动地的创业者之歌，积淀、形成了艰苦创业的西迁精神。有人认为，当今和平稳定、富庶繁荣的年代，艰苦创业已成明日黄花。你同意这种观点吗？

第六章
精神丰碑

　　精神立则国立，精神强则国强。

　　从张骞凿空西域、玄奘西行，再到中国人民解放军进新疆、西部大开发，自古到今中华民族就有一种向西行进、开拓西部、迎难而上、中流击水的豪情壮志。20世纪五六十年代以交通大学等为典型的西迁群体承前启后、卓然而立。由西迁群体形成的西迁精神，"与革命时期的红船精神、井冈山精神、延安精神、张思德精神、西柏坡精神，以及社会主义建设时期的大庆精神、红旗渠精神、焦裕禄精神等，共同形成了中国共产党的精神谱系，成为中华民族精神脊梁中光芒万丈的一段。"

　　西迁精神，续写了中华民族5000多年的文明史，是中国知识分子爱国奋斗精神的写照，是西迁群体轰轰烈烈拓荒西北、艰苦创业、众志成城、追求富强的历史写照。回望西迁历程，解读西迁精神，可以在新时代鼓舞更多胸怀天下、奉献人民的知识分子，沿着前辈们"赤诚报国，无私奉献"的足迹，不负韶华，砥砺前行，开创足以慰藉党与人民的伟大事业、幸福生活。

第一节　承民族精神

西迁人用行动证明了"爱国就要奋斗"的伟大真理，西迁壮举是中国知识分子爱国奋斗情怀的真实写照。西迁精神继承和发展了中华民族的精神特质：敢为人先的创造精神、矢志不渝的奋斗精神、众志成城的团结精神和追求富强的梦想精神。

西迁故事

> 愿将知识之光普照西部。
>
> ——钟兆琳

寄情西北，遂报国愿
——中国电机之父钟兆琳

中国电机之父、电机工程教育家、西安交通大学著名教授钟兆琳用一生的奋斗担当书写了一曲可歌可赞的爱国报国之歌。

1927年在美国西屋电气公司任工程师的钟兆琳应母校交通大学召唤毅然

回国，从此投身民族教育60余年，为交大电机学科的发展乃至中国电机教育、电机工业的发展奉献终身、鞠躬尽瘁。

年过半百的钟兆琳得知交大西迁政策后第一个站出来支持。西迁，他永远站在最前端。他知道西部是祖国需要的地方，"哪里有事业，哪里有爱，哪里就是家"。周恩来总理考虑到他年事已高，妻子卧病在床，建议他就不必去西安了，钟兆琳表示："上海经过许多年发展，西安无法和上海相比，正因为这样，才要到西安办校扎根，献身于开发共和国的西部。"他说："共和国的西部像当年美国的西部一样需要开发，如果从交大本身讲，从个人生活条件讲，留在上海有某种好处，但从国家考虑，应当迁到西安。当初校务委员会开会表决，我是举手赞成了的。大学教师是高层知识分子，不能失信于人，失信于西北人民。"他带头卖掉了上海的住宅，来到了西安，率先垂范，打消了当时许多学生和教师对于西迁存在的顾虑。从繁华的十里洋场来到贫穷落后的西北，条件异常艰苦。下雨天，钟兆琳要拄着拐杖、踏着泥泞到学校上课；学校没有实验室，钟兆琳便带着学生一砖一瓦，搭个房子做临时实验室。学生要到离学校20多里地的工厂学习工作，他就主动跑到工厂里面去授课辅导。有一天下大雪，工厂外没有人更没有车，只有白茫茫的一片，学生们以为今天钟老师不会来了。谁也没想到这位70多岁的老人，竟然能够准时到工厂上课。谁也不知道这个

颤颤巍巍的老人，是如何冒着风雪，拄着拐杖走完20里路的。钟兆琳对艰苦的生活条件并不挑剔，因为他平日的生活就很简朴。唯一让他不能释怀的，是家庭的分离。当时他夫人已经瘫痪在床，需要人照顾，钟兆琳只能把她安顿在上海，由小女儿

钟兆琳教授（右二）指导青年教师

照顾。钟兆琳舍小家，顾大家，在他的努力下，荒凉的黄土地上，西安交大电机系成为国内基础雄厚、规模较大、设备日臻完善的高校电机系。

钟兆琳不但自己扎根黄土地，还动员一批批学生留下来建设西北。他年逾80还带领着学生跑到甘肃、青海等地考察。他晚年依旧把大部分时间留在了西北，跋涉各地，考察钻研，为西北水坝的建设、工业区的布局及交通规划提出许多专业建议。

钟兆琳一生践行教育报国、科技报国的凤愿，他在遗言中写道："我愿将我工资积蓄的主要部分贡献出来，建立教育基金会，奖励后学，促进我国教育事业，以遂我毕生所愿。"斯人已去，精神长存，老一辈知识分子的精神风骨与责任担当，在历史的长河中铸就了不朽的传奇！

> 我在美国前三四年是学习，后十几年是工作，所有这一切都在做准备，为了回到祖国后能为人民做点事——因为我是中国人。
>
> ——钱学森

钱学森的爱国之路

"你在一个清朗的夏夜，望着繁密的闪闪群星，有一种可望而不可即的失望吧。我们真的如此可怜吗？不，决不！我们必须征服宇宙。"钱学森写下这些激情飞扬的文字时，年仅24岁，征服宇宙的梦想的种子，就这样埋在了他的心底。而在那样一个国难当头的年代，对一个灾难深重的民族来说，这样的梦想是那样渺小，梦想的彼岸又是那样遥不可及。从那时起，他的梦想就和一个国家、一个民族的梦想紧密地联系在一起，当中国人自己的火箭导弹冲上云霄，当中国人乘坐自己的飞船在太空漫步时，当中华儿女在世界舞台扬眉吐气时，这一切都和钱学森当年征服宇宙的雄心壮志有着密不可分的联系。

钱学森出生于一个风云动荡的时代，他从小目睹旧中国贫穷凋敝、战乱不断、列强侵辱、千疮百孔的现实。当他70岁回到母校北师大附中时，他回忆起在附中上学的时光："那时的我们都感到一个问题压在心上，就是民族、国家的存亡问题。不要说老师们，就是所有的学生，也都在心里头存着这个问题。就在这样的气氛下，我们努力学习，为了振兴中华。"动荡不安的社会环境让他认识到科学技术的进步才能推动国家的强盛，他潜心学习化学、物理、生物、数学，他下定决心，要成为一个科学家。

钱学森1929年考入铁道部交通大学上海学校机械工程学院铁道工程系，1934年毕业于国立交通大学，6月被选拔为清华大学第七届庚款留美学生；1935年9月进入美国麻省理工学院航空系学习，1936年9月获麻省理工学院航空工程硕士学位，后转入加州理工学院航空系学习，成为世界著名的大科学家冯·卡门的学生，并很快成为冯·卡门最重视的学生。他先后获航空工程硕士学位和航空、数学博士学位，在美国从事空气动力学、固体力学和火箭、导弹等领域的研究工作，并与导师共同完成高速空气动力学问题研究课题和建立"卡门–钱学森"公式。28岁的钱学森在美国已成为知名的空气动力学家。

1950年3月18日，《留美学生通讯》第三卷第八期上刊登了一封致全美中国留学生的公开信。信中写道："祖国在向我们召唤，我们的人民政府在向我们召唤。让我们回去把我们的血汗洒在祖国的土地上，灌溉出灿烂的花朵。回去吧，赶快回去吧！祖国在迫切地等待我们！"信的末尾，是留美学生署名，一共是53人，在美留学生中掀起了一股学成归国、报效祖国的热潮。1950年8月底，钱学森在办理了回国手续，买好机票，准备离美之际，却被美国移民当局禁阻；随后又被投入监狱，遭受政治迫害。后虽经朋友们多方营救、保释出狱，但在长达五年的时间里，他始终处于被软禁、监视之中。1955年，在周总理的直接关怀下，以释放朝鲜战争中俘获的15名美军飞行员作交换，才获得美国对钱学森的放行。这年9月，钱学森携带妻子和一双儿女，终于登上"克利夫兰总统号"轮船，踏上归途，于10月回到了魂牵梦绕的祖国。

回国后，他决心为自己的祖国奉献平生所学，开始主持导弹研发工作。在当时，他是唯一一位见过导弹的中国人。许多与导弹相关的术语，都是由他亲自翻译的。1959年11月12日，钱学森成为中国共产党的一名正式党员。他后来回忆说："我被接纳为中国共产党正式党员，我激动得整夜睡不着觉。"从此，钱学森把一名科学家的理性、良知和一名共产党员的理想、信念完美地结合在一起，为中国的科技发展作出了杰出的贡献。当有人问起他的人生选择时，钱学森的回答是："我为什么要选择中国？我的回答是因为我选择了马克思主义，选择了共产主义的理想，还因为我热爱我的祖国。"

刚刚进入和平建设时期的新中国，国防建设正面临着严峻的形势。在第二次世界大战后，美苏两国竞相发展以核弹和导弹为代表的高科技武器，核阴云笼罩在两个对立阵营的上空。在朝鲜战争、台海冲突中，美国就多次扬言要对中国使用核武器。面对这样的核威胁和核讹诈，共和国的领导人迫切感到，必须尽快发展中国自己的国防尖端武器。但是，刚刚成立不久的新中国科技力量和经济基础都还很薄弱，发展新型武器似乎遥遥无期。钱学森全身心地投入到新中国的社会主义建设事业之中。"五年归国路，十年两弹成"！钱学森不失时机地让中国堂堂正正地进入世界"'五强'核导俱乐部"，为中华民族岿然屹立于世界民族之林，作出了他自己值得骄傲的一份贡献！

钱学森是国际航空航天领域最为杰出的代表人物之一，是20世纪众多学科领域的科学群星中

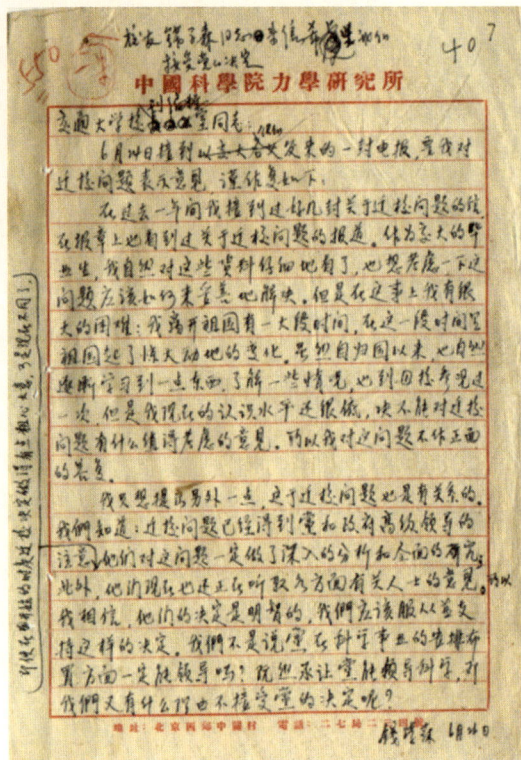

1957年6月钱学森致信交通大学师生支持西迁

极少数的巨星之一。他在应用力学、物理力学、航天与喷气、工程控制论、系统科学和思维科学等领域，都有先驱性的卓越贡献。毛泽东评价："美国人把钱学森当成5个师，在我看来，对我们说来，钱学森比5个师的力量大多啦。"

"我的事业在中国，我的成就在中国，我的归宿在中国。"半个多世纪过去了，钱学森的爱国之声依然回响在中国人心中。作为爱国典范的钱学森，其爱国主义精神化作一个民族的精神高地，成为一种象征。列宁曾说："爱国主义是千百年来形成的对祖国的深厚感情。"这就意味着爱国是一种情结，是一种价值观念，是检验一个民族凝聚力、向心力的重要尺度。祖国越是发展，越是需要钱学森这样的爱国者，越是需要爱国主义精神的凝聚与传承。

第二节　为世界之光

在西迁进程中，交通大学几乎以一己之力撬动了高等教育的格局，改变了西部没有多科性工业大学的面貌，又在后续的岁月里，引领和带动了整个西部地区的高等教育乃至整个中国教育的蓬勃发展。走过120余年风雨历程的交通大学始终与国家民族同呼吸共命运，承担国家使命，追求世界高度，引领社会发展和人类进步。

西迁故事

> 我这一生，别无他求，最大的心愿就是希望祖国早日富强起来。
>
> ——周惠久

强度理论创一流，材料力学争上游
——金属材料学家周惠久

1988年9月，第六届国际热处理大会在美国芝加哥召开。开幕式上，一位中国人在阵阵掌声中登上主席台，用流利的英语向世界各国同行专家介绍大会特邀的两个专题报告之一——"低碳马氏体及其工业应用"。这位中国人就是中国科学院院士、材料科学家、西安交大博士生导师周惠久。周惠久在材料科学领域的研究成果使其载入世界科学发展的史册。

1937年七七事变全面抗日的消息传到大洋彼岸，在美国密西根大学攻读冶金硕士学位的周惠久放弃了还有一年的留学，为了抗日，与一些爱国留美学生一起提前回国。他先后执教于西南联大和陆军机械学院，研制战时急需的汽车配件及其材料的代用，新中国成立后任教于西安交通大学。

周惠久（中）在实验室进行科研

在"向科学进军，建设大西北"的号召下，时任铸造教研室主任、二级教授的周惠久积极响应，带头举家西迁。在西安交大校园里，四十多年的教学和科研，使周惠久得以完成他年轻时即已萌芽于心中的发挥金属材料强度潜力的理论，成就了他作为一名材料科学家的出彩人生。

在西安，周先生较早开展了科学研究。丰富的力学、冶金基础和工程上的实践经验使他在20世纪50年代中期就发现当时引进的苏联机械产品粗大笨重，且寿命不长，关键是要求冲击韧性偏高、使用强度偏低。1959年起，他带领部分师生自己设计改装了小能量多次冲击试验机，开展了金属材料在小能量多次冲击载荷下断裂抗力的研究。1962 年，他连续发表了五篇发挥金属材料强度潜力的论文，为解除工程界在选材、用材上对冲击韧性的迷信提供了实验及理论依据，并在生产中得到应用和推广，被列为 1963—1964 年国家重大科研成果之一。周先生的多次冲击抗力理论发挥了金属材料强度潜力，在减轻产品重量、延长寿命和降低成本等方面具有较大的国民经济意义，获得高度评价和广泛关注。

面对当时国内大量低碳钢和低碳合金钢在未强化状态下使用的浪费现象，周先生带领团队开展了低碳马氏体强化理论与应用研究的新课题，与企业合作研制新材料、采用新工艺，使用新研制的低碳马氏体钢提高了强度、减轻了重量，大大减小了工人的劳动强度。

针对 20 世纪 50 年代苏联学术界、工程界过分强调材料的塑韧性而过多损失强度的倾向，周惠久提出了根据不同服役条件，金属材料的强度、塑性、韧性的合理配合问题。他按照这个思路开展了难度很高、生产上迫切需要的课题，经过十余年的努力，终于取得了成果。

他在专业教学中率先把金属力学性能课由原仿苏联教学计划中的方法课改为目的课，更新充实内容，亲自讲授，并主持编写了我国第一本大学教科书《金属机械性能》，把金属的成分、组织及性能与机械零部件的失效分析及防止联系起来，阐明了材料的力学性能在机械制造中的作用，进一步明确了学习金属材料的最终目的。

以周先生为学术带头人的研究团队获得多项科研成果及奖励，他本人曾担任过国务院学位委员会委员、学科评议组冶金及热加工组副组长，中国机械工程学会副理事长、材料学会理事长、热处理学会副理事长，国际喷丸科学委员会委员、英国国际杂志顾问编委等，并于 1980 年当选为中科院学部委员（1993年改称院士）。

> 自力更生是中华民族自立于世界民族之林的奋斗基点，自主创新是我们攀登世界科技高峰的必由之路。
>
> ——习近平

破解百年世界难题的基础力学理论专家俞茂宏

西安交大俞茂宏教授的双剪统一强度理论，突破百年来被认为是不可能的统一强度理论难题，并由此成为第一个写入基础力学教科书的中国人的理论。

强度理论研究材料在复杂应力作用下的屈服和破坏规律，具有重大的理论意义和应用价值。100多年来，强度理论在世界范围内研究广泛，但是进展缓慢。早在1961年，俞茂宏就提出了双剪概念，并推导出双剪应力屈服准则，突破了"最大剪应力"或"单剪"这一传统概念。1985年，

俞茂宏教授

他又在国际上首次提出更为全面的"双剪强度理论"。在此基础上，1991年，俞茂宏正式发表统一强度理论公式，将各种单一的准则和理论发展为"统一强度理论"。之后，他又用20年时间，将这一理论应用于一些典型结构问题，使之趋于完善。世界岩石力学与工程学会副理事长、中国工程院院士钱七虎评价认为："该理论突破了现有的单一强度理论模式，建立了一个有统一力学模型、统一理论、统一数学表达式而又适用从金属到岩、土和混凝土等各类材料的统一强度理论，形成一个完整的理论体系。在强度理论发展史中是一个里程碑。"

基础理论的成果得来不易，得到认可并应用更为不易，进一步被写入学术著作和教科书则是凤毛麟角。作为原创性基础理论，统一强度理论已被写入《中国水利百科全书》（第二版）、《工程力学手册》等310多种学术著作和教科书，并每年在大学多种学科的教学中应用。

双剪统一强度理论的价值，不仅在于它为强度理论研究的贡献，更在于它的实际应用。据统计，应用双剪强度理论比应用单剪强度理论提高结构极限承载力最高达33%之多。目前，该理论已经被国内外有关学者应用，并引入结构分析计算机软件和应用于机械、航空、土木、水利、军工、岩土工程以及力学、材料科学等广泛领域。

俞茂宏教授的理论成果受到越来越多的关注。目前，他已经在世界著名科技出版集团斯普林格自然集团出版了四部英文著作。多名院士和教授曾这样评价俞茂宏："双剪统一强度理论不仅在理论上具有重大意义，更在于他在困难条件下长期坚持、潜心研究、锲而不舍的精神。"俞茂宏能够填补强度理论学科中的重要空白，并形成系统理论，是他半个世纪执着坚持的结果。

古人云，板凳需坐十年冷。科学是老老实实的学问，科学研究既要有坚定不移的目标，又要心无旁骛、甘于寂寞，拥有滴水穿石的毅力，几十年如一日，养其根而俟其实。而这种坐冷板凳的精神更在于有一种责任和使命，即以追求真理为最终目标，通过科学研究推动社会进步和人类文明的发展。

拓展阅读

> 只要穿上中国队的球衣，就是代表祖国出征出战，为国争光是我们的义务和我们的使命，我们的目标都是升国旗、奏国歌。
>
> ——郎平

实至名归的中国精神

——女排精神

  1981 年 11 月 16 日，中国女排以 7 战全胜之姿首次摘得世界杯桂冠，加冕世界冠军，那是中国队首次在三大球项目上摘得世界冠军头衔。"铁榔头"敲响了振兴中华的战鼓，强烈的国家荣誉感和使命感驱动着中国女排在此后几年克服重重困难，顶住千斤重压，创造了世界排球历史上的第一个"五连冠"。这支光荣的队伍不仅是竞技舞台上一张靓丽的国家名片，以无畏的拼搏精神向世界展示着中国力量，更如同一面旗帜，让世界看到中国的集体主义、团结爱国、无私奉献的民族精神能创造怎样的奇迹。2016 年 8 月 21 日，巴西里约热内卢小马拉卡纳球场，中国女排 3：1 击败塞尔维亚队，第三次捧起奥运会冠军奖杯。中国女排，从 1984 年洛杉矶奥运会、2004 雅典奥运会到 2016 年里约奥运会的三次奥运夺冠到 2019 年以全胜战绩问鼎世界杯冠军，荣膺三大赛中第 10 个世界冠军奖杯。不断以骄人成绩站在世界之巅的女排姑娘，用行动证明了"女排精神"在中华民族的强国之路上传承着、发展着。

  中国女排承载着中国几代人的共同记忆。改革开放之初，为实现中国三大球"冲出亚洲、走向世界"的奋斗目标而踏实苦干、艰苦拼搏的中国女排成为中国人的楷模与骄傲，激励着国人自强不息、团结奋斗。30 多年来，中国女排收获过成功与荣耀，也经历了不少挫折和磨难，从 20 世纪 80 年代"五连冠"，到成绩滑坡陷入低潮，"两起两落"却始终目光坚毅看着前方。张蓉芳、梁艳、冯坤、赵蕊蕊、惠若琪、朱婷……女排队员们输过、赢过、奋斗着，哭过、笑过、坚持着，30 多年来，这支队伍用一次次的拼搏展现体育竞技的本质，让人们看到了不畏竞争、永不言败、执着坚持的精神魅力。北京大学化学与分子工程学院教授、北大女排教练黄建滨说："科学与体育有着许多共通之处：向着一个高峰攀登，一个团队，面对困难，需要拼搏。"同样，30 多年来，这支队伍用一次次的奋斗与成功昭告世界，女排精神是一种爱国精神。教练郎平常常跟队员们说："站在国际赛场上，我们代表中国，这是一种神圣的动力。"

"一个球，哪怕你接不住，也要拼尽全力冲过去"，这是老女排留下的遗产；"打一分算一分""一分一分咬下来"，这是新女排写下的精神。唯其艰难，才更显勇毅；唯其奋斗，才弥足珍贵。中国女排的成就表现出祖国至上、顽强拼搏、胜不骄败不馁的英者风范，也成为中华民族屹立于世界民族之林的生动见证。2019年度《感动中国》给中国女排的颁奖词中写道："几十年拼搏不息，几代人热泪盈眶，在低谷中奋起，从不放弃，面对强敌出手从不言败，你们的身影是民族性格的缩影，你们的脚步是一个国家成长的历程。奏国歌升国旗，你们超越了体育，是国家的英雄。"女排精神是中华民族自强不息、艰苦奋斗、永不放弃的民族精神的一部分，在民族复兴的伟大历程中，愈是前行维艰，中流击水之时，愈需鼓起精神、振奋意志。女排精神所代表的理想主义不能丢，女排成就所表现的创造历史的精气神不能变。我们要气壮山河地赞美这精神、弘扬这精神，这是实至名归的中国精神，秉承之，以谱写更灿烂的历史篇章。

学有所思

新时代弘扬西迁精神，有助于个人通过奋斗成就美好明天，努力做精神最为富足的人、最享受奋斗幸福的人；有助于最大限度激发全社会的奋斗热情，实现人民群众对美好生活的向往和追求；有助于全面建设社会主义现代化强国，实现中华民族伟大复兴的中国梦。作为青年一代，你认为在个人奋斗与自我价值实现中如何实现爱国报国的家国理想？如何在个人事业的开创中为民族复兴和人民幸福作贡献？